また，苦し紛れにも思えそうな言い分として，監査役が十分に機能しているから，独立役員や社外役員はそもそも不要なのだ，ということをまっとうに主張しつつ，監査役が骨抜き対応しかできないかのような事実上の監査役への人事権を握り行使し続ける企業もあるようにも見受けられます。

　一方，不思議なことに，内部監査においては，とかく，「アメリカではどうやっていますか」「アメリカのやり方を焼き直せば内部監査がそれなりに仕事をしていることを示すアリバイ作りにちょうどよいではないですか」といった姿勢や論調が後を絶ちません。筆者からみると，日本企業の役員のメンタリティは，「マネジメントに対する親米」で「ガバナンスに対する反米」のようなものがあるように感じられます。

　ここで，「経営に資する監査」といった場合の「経営」が監査の世界で自己分裂している，と危惧してしまうは筆者だけなのでしょうか。

　つまり，経営陣にとっての監査役による監査は今まで通りのままであってほしいという思いの中で，とやかく言われないで済むための監査役が「経営に資するもの」としてとらえられるきらいがある一方で，内部監査における監査は，経営陣を縛るより「部下を縛る道具」として，部下にはとやかくものを言い，より厳密に欧米式に従業員を取り締まることが「経営に資するもの」という感覚があるようにすら感じられます。

　ただ，経営陣が監査役のあり方に関して主張するお話しにも，内部監査部門が欧米式監査礼賛に傾注するお話しにも，守旧に徹する中で，アリバイ作り的に体裁を整え，監査が経営陣をチェックするものであるというより，監査を経営陣の都合よく従業員を思い通り縛るための道具として扱いたい本音が垣間見えるように筆者には感じられるのです。

　本書におきましては，経営に資する監査および実効性ある監査として知っておくべきこと，考えておくべきことと併せ，「知っていること」を「実践していること」に転換する上で重要と思われるお話しを監査におけるクリエイティビティな視点をもってまとめてみました。

　読者の皆様が監査について考え，実践し，改善・変革に取り組んでいかれる

はじめに

　監査におけるイノベーションが必要とされる際に，何か少しでも本書がお役に立てば筆者として幸いです。

　ご感想やご質問，異論・反論・建設的批判などウェルカムです。筆者のしたためさせて頂いたものが拙いお話しであろうと辛辣なお話しであろうと，本書が監査を見つめ直す際の議論の呼び水になれば筆者としてはうれしく思います。

　では，あなたにとって，新たな，そして，これまでにも大切だと既に感じていたかもしれない監査の世界の扉をお開きください。

　2013年12月好日

筆者記す

目　次

はじめに

1　「熟達した初級者」国家ニッポンの監査人：
　　監査の初心者・初級者・中級者・上級者とは？　　　　1

2　「経営に資する監査」「実効性ある監査」とは：
　　当たり前のことをごく当たり前に実践する　　　　　　9

3　「監査に資する経営」と企業統治　　　　　　　　　　19

4　脱法内部統制報告書制度：J-SOXは死んだ　　　　　　23

5　「社会に資する経営」としてのCSV（Creating Shared
　　Value）経営と監査人が知っておくべきCSV経営の基礎　41
　・「一言で言って，私は何を目指して仕事をしているのか」という問い ………… 41
　・企業ガバナンスフォーラム2012内における筆者主宰特別企画
　　　「勇気ある監査役大賞」「勇気ある通報者大賞」………………………………… 42
　・従来からのCSRの限界点 ………………………………………………………… 43
　・社会と会社と人との乖離を解消するCSV経営 ………………………………… 46
　・CSV経営は企業の言い訳やパフォーマンスの道具ではない …………………… 47

1

- CSV経営の類型 ･･･ 49
- 類型①：スタンドアロン型CSV経営 ････････････････････････ 49
- 類型②：ピア・ツー・ピア型CSV経営 ･･････････････････････ 51
- 類型③：ソーシャルネットワーク型CSV経営 ････････････････ 52
- 類型④：オープンガバメント型CSV経営 ････････････････････ 54
- 朴大統領の肝入りで新設された行政機関側からの依頼 ･･････････ 56
- 社会貢献活動を進める際に感じる不思議なご縁やありがたいご協力 ･･ 57
- 現場に行ってみてわかるいろんなこと ･･････････････････････ 59
- エキスポ会場にて ･･ 61
- 釜山のクラウド関連団体との交流と連携 ････････････････････ 62
- 社会貢献活動は企業や社会やステークホルダーにおける「悩み」を大切にする ･･ 64
- CSVコーディネーターによる「社会貢献営業」を進める ･･････ 67
- 自社のCSR部門をCSV経営の中枢にする劇薬的対処とは？ ････ 68
- 憲法改正議論と社会での問題提起・トラブルメーカーというレッテル ･･ 69
- ある公益社団法人の役員との対談にて･･････････････････････ 71
- CSV経営による社会への問題提起において････････････････････ 72

6　監査における創意工夫・クリエイティブ監査　　75

- 原則主義的な監査対応による監査クリエイティビティと監査イノベーションによる閉塞感・依存心からの脱却 ････････････････････ 75

7　コーポレート・ガバナンス・アワードの主宰として　81

- 大賞の選考・発表にあたって：企画趣旨 ････････････････････ 81
- 事前のおことわりについて ･･････････････････････････････ 82
- 大賞発表：「勇気ある通報者大賞」の受賞者と授賞理由 ････････ 84
- 大賞発表：「勇気ある監査役大賞」の受賞者と授賞理由 ････････ 85
- 勇気ある監査役大賞の補足資料 ･･････････････････････････ 86
- 大賞発表：「勇気あるガバナンス大賞」の受賞者と授賞理由 ････ 89
- 開催概要 ･･ 90

8　監査人の自由からの逃走化　　95

- アリバイ作り型監査の弊害と思考停止を招く細則主義型監査 ････ 95

9　これからの人材教育のあるべき姿　　121

- 人事部が企業統治を崩壊させる！〜激変する経営環境に健全に適応する企業経営ための人材育成の課題と３つの留意点〜 ……………………… 121
- 筆者が直面した「残念な人事部」からの指導依頼の実態 ……………… 122
- ケース①A社：コンプライアンス研修の依頼過程自体が違法性の高い依頼をしてきた企業 ……………………………………………………… 123
- ケース②B法人：公益通報制度の指導で公益通報をさせないよう指導してほしいとの依頼 ……………………………………………………… 125
- 筆者が気になる問題点 …………………………………………………… 126
- 人材育成において企業が陥る３つのワナ ……………………………… 128
- 第１のワナ：人事権を握る者の批判なき独りよがりな人材育成 ……… 128
- 第２のワナ：自分の器に収まりきらない内容の研修を阻害してしまう傾向 … 130
- 第３のワナ：人事部の好む金型にはめて人材を大量生産する傾向 …… 133
- これから本当に必要な人材育成の３つのポイント …………………… 134
- ポイント①：「自制心」＋「懐疑心」の基礎力の習熟 ………………… 135
- ポイント②：「和して同ぜず」＋「信賞必罰」の気風づくり ………… 136
- ポイント③：「腑に落ちる」＋「隣接分野への踏み込み」の組み合わせ … 137

10　監査探訪　　139

【監査探訪①】
　株式会社電通国際情報サービス
　監査室長　CIA／CISA／PMP
　倉持保彦さんへの戸村のひょっこり監査探訪 ……………………… 140

【監査探訪②】
　株式会社ローソン
　監査指導ステーション　ディレクター
　宮下正博さんへの戸村のひょっこり監査探訪 ……………………… 145

【監査探訪③】
　ダイヤル・サービス株式会社
　営業部　CSRコンサルティンググループ　グループ長
　高田奈穂子さんへの戸村のひょっこり監査探訪 …………………… 152

【監査探訪④】
　株式会社ラック
　取締役　最高技術責任者
　西本逸郎さんへの戸村のひょっこり監査探訪 ……………………… 161

【監査探訪⑤】
　仰星監査法人
　副理事長　東京事務所長　公認会計士
　南　成人　先生への戸村のひょっこり監査探訪 ………………… 166

【監査探訪⑥】
　某不正調査機関さまへの戸村のひょっこり監査探訪 ……………… 172

【監査探訪⑦】
　現状を憂う監査人さんへの戸村のひょっこり監査探訪 …………… 175

おわりに ……………………………………………………………………… 177

1 「熟達した初級者」国家ニッポンの監査人：監査の初心者・初級者・中級者・上級者とは？

　過日，筆者が乞われて極めて低額の出講料で申し訳ないと言われながら講演を担当してきた社団法人がありました。

　そこでは，経営に関する倫理を研究する方々がお集まりで，予め筆者がくどいほど言われていたことに「ウチの部会では，監査の中級〜上級の監査プロが集まるのでご承知おきを」とのことでした。

　レジュメなどを作成し，事前に送付すると，慇懃無礼な言い回しで一応は筆者の労をねぎらいつつ，あなたのような若輩者が話すには恐れ多い人が集まる会なので，くれぐれも中級〜上級に監査のプロが集まる凄腕の方々に失礼のない研修をしてください，という趣旨のメールが届いたりしていました。

　筆者としては，上場企業の2,600名様ほどの監査役に対しても，大会場にて大御所と並んでパネルディスカッションのパネラーなどとしてお話しさせて頂く身として，失礼なお話しなどするつもりもないわけですが，そのように言われて講演当日を迎えました。

　さて，講演当日，この経営に関する倫理的なことを研究する高邁で高貴なお集まりの部会を仕切る，当時，某有名上場企業の監査部長と名乗る方が，開口一番，こう罵しってこられました。

　「戸村さん，あなた，このレジュメ全部話すんですか？　だから言ったじゃないですか。あなたのお話しは精神論に過ぎないものだから，ウチの部会に集まる中級〜上級のお偉い方々には必要とされないお話しなんですよ。もう結構ですので，用意してきたレジュメは大幅にはしょって，ディスカッションでも戸村さんは発言しないように。これだから若手は困るんだ」と，何も話を聞く

前に，年齢が若い・ソフトな感じがする・どこかの大学などの権力者でもないということかもしれませんが，年齢差別を侵し，偏見を持ち，物事を見て感じて判断する監査の基本が全くできていない「お偉い上場企業の監査部長さま」が，講師として乞われて損得抜きにお引き受けした筆者に対して罵ってこられました。

筆者としては，そのように罵しられる筋合いもなく，また，手抜きをしたお話しをしたわけでもなく，何も話を聞かずに傍若無人な無礼な振る舞いに対して，大人の対応をしてみました。

まずは，筆者が至らぬ若輩者であることをお詫びして深々と頭を下げ，講演の冒頭でも，そのように罵しられたことと筆者の若輩者ゆえの至らなさを，ご聴講の方々がお話を聞かれてご判断なさる前に，まずはお詫び申し上げてみたのです。

ただ，理不尽という言葉ではなく，侮辱罪や名誉棄損にもあたる部会長の対応を，そのまま受け入れるのは，監査の観点からも人権擁護の観点からもよくないですので，「私は悪い講師ですので，罵しられても，そのままご用意致しましたお話しをさせて頂きますね」と講演に入りました。

そして，3時間ほどの持ち時間の中で，前半のお話しをしつつ，ディスカッションなどでの質問に精神論ではなく実務的なお話しで回答し，終了時には多くの方々がご納得というか自社での監査人としての対応に，自省と講師への感謝の念を持って，促されなくても自然とわき起こる拍手をもってお帰りになりました。

傍若無人な，物事を色眼鏡で見てくる部会長の方は，「戸村さん，ディスカッションであなたが答えられなければ私が答えてあげますから言いなさいね」とおっしゃった割に，筆者がごく当たり前のことを質問してみても，また，参加者様から実務的に重要なCOSOモデルの基本についての質問があっても，その方はお答えになることができませんでしたので，筆者が詳しく実務的に噛み砕いて解説差し上げるようなシーンもありました。

件の部会長はといえば，頭を下げることもなく，「戸村先生には大変失礼な

ことを申し上げてしまいました」と，その方なりに一応は表面上の反省のポーズは示していたようでした。

ただ，乞われて出講した講師として筆者が50名様ほどのご参加者様の前で理不尽に謝罪を半ば強要され，大人の対応として，まずは頭を下げるという差別的・屈辱的対応をさせられていたのにも関わらず，各方面の委員や監査関連の指導講師などを務める件の部会長が頭を軽く下げて謝ることすらなかったのは，筆者としては，日本企業の監査部門がこの人のように権威主義で人を威圧し，年齢差別や人権すら侵害しかねない方々に学ばされているのが，とてもかわいそうに思えたことが実際にありました。

その講演の中で，筆者がとても気になったのは，「アメリカではどうなっているのですか？ アメリカ式にやっていればよいでしょう」という趣旨のご質問や，中級〜上級の凄腕の監査人がお集まりのはず（と念を押されていた）なのに，「COSOモデルの構成要素について，従業員に現場でどう説明すれば良いでしょうか」という，初心者級の質問があったり，「言われたことは既に知っている」と，まるで評論家が講師を品定めするような傍観者になってしまったりした監査人の方がいらっしゃったことです。

まず，アメリカ式にやってればそれでよい，と思い込んでいる監査人には，既に，心理構造として，米国式監査への依存心と米国式監査の手法・技法を焼き直してくれる翻訳学者待望論が渦巻いているということです。

このような心理構造では，自らゼロから自社にとって監査対応で必要なことは何か，どうすれば自社の現場で監査対応がうまくいくかなど，原則主義に基づくクリエイティビティを発揮するには至りません。

また，COSOモデルを専門用語として上っ面だけ言葉遊びのように語る監査人やコンサルタントは多いですが，具体的にどうすればよいのかについて噛み砕いて話せる監査人が少ないことも気になります。

ちなみに，内部統制のCOSOモデルを知っている，理解しているということは，監査人としては初心者〜初級者の課題ですが，中級〜上級の高貴な監査人の部会でこのような質問が出てきたのには筆者として頭が痛いところです。

後の項目で触れさせて頂きますように，語弊を恐れず現場の方々にもわかりやすく取り組みやすいように具体的にお話しさせて頂きましたら，「戸村先生のお話しは精神論ではなく実務的で，COSOモデルの読み解き方を簡単にお話し頂いたのを聞いただけでも，今日，ここに来た価値がありました」とおっしゃっていました。

　さらに，筆者が問題だと感じたのは，中級〜上級の凄腕の監査人が，「そんなことは既に知っている」と上から目線で講師を見下すセリフに酔っている状況でした。

　そこで，筆者は，「みなさんは中級〜上級の監査人なのだとしたら，知っているのは当たり前で，わざわざご自分が知識豊富だと自慢する必要はないです。大事なのは，知っていることを実際に実践しようとしているか，どう実践する際に工夫していくか，ということをここで議論していくことであって，知っているからそれでよい，という知識人ごっこをするのが中級〜上級の監査人ではなく，知っている知識をどう知恵や具体策に変えるか，ということが重要です。そのために，実は，ごく当たり前に知っていなければならないことを，当たり前に実践することが，今の企業・社会で最も求められていることなんですよ」と，ごく当たり前の監査人の姿勢や実務対応のお話しをしなければならないほど，初心者的なメンタリティしかない一部の大手企業の監査部長が，中級〜上級の監査人気取りでいることに，筆者は日本の監査界を危惧する次第です。

　そこで，筆者がふと感じたのは，そういった問題ある方々への苛立ちとか反発とか怒りではなく，そういった方々が「中級〜上級の監査人です」そういった方々が「監査部長などとして監査人を指導していて問題ない」という風潮や実態への失望でした。

　それと同時に，日本企業には，すべての方々ではありませんが，往々にして，自らは中級〜上級と思い込んでいるものの，実態としては，「熟達した初級者」状態の監査人の方々が闊歩しているようにも筆者は感じました。

　つまり，小手先で使いこなすと便利にアリバイづくり型監査のように深く監査ができているように見せかけられる雛形・フォーマット・手法を知っていて，

1 「熟達した初級者」国家ニッポンの監査人：監査の初心者・初級者・中級者・上級者とは？

手続きなども多少は初心者より知っているものの，その枠から出て物事を幅広い観点から健全に思考・対応していけない方々が多いようにも筆者には感じられます。

実際に，内部通報に関して，役員も手を染めてきた問題で全社を揺るがす問題について相談にこられ，企業の隠ぺい工作のため予算もなく，通報者の方が自殺する寸前まで追いやられたために，筆者の元にご相談に来られた方に急を要する人道的対応として無償で相談・指導させて頂いた事案では，監査部長が問題をなかったことにしようとしたり，役員の顔色をうかがいながら，問題を是正すべきと説く部下の監査人を押さえつけようとしていたりしました。

日本企業の監査における最大のリスク，経営における最悪のリスクは，実は，件の筆者を罵ってきたような保身と名誉欲と権威主義に富む監査部長の存在だったりするようにすら筆者は感じていたりします。

よく，Tone at the Topが大切だ，つまり，経営陣の不正を許さぬ姿勢と健全な対応をしていこうとする姿勢が大切だと言われますが，それは，監査部門内においても，部門長としてのTone at the Topとして監査部長に問われることなのだと筆者は思います。

また，「そんなこと知ってるもん」という監査人は，小学生が「そんなこと塾で習って知ってるもん」と言っているような風景とオーバーラップして筆者は嘆かわしく感じています。「知っている」ことと「実践できている」こととは別物にもかかわらず……。

さらに，中級～上級と自らおっしゃる監査人が，法令や監査手続きを知っているけど，企業経営上で大切な監査の取組みを実践していないことの方が，確信犯的により問題が大きいと筆者は思います。

大切なことは，「当たり前のことをどれだけできるか」ということですし，知っていることでもなかなか思うようにできないときに，どう監査における創意工夫（クリエイティブ監査・監査クリエイティビティ）を発揮して，知っている大切なことを実践できる状態にイノベートしていくかということなのです。

その一方で，外資系コンサルティング会社などが一時はよく喧伝していた

「監査の高度化」ということに興味を持った監査人が，実は，小中学校の基本問題すらまともにできないながらも，東大の応用問題を解こうと必死に背伸びをしている姿に重なって筆者には見えたようなこともありました。筆者としては，高度かどうかより，正しいかどうかの方がより重要だと思うのです。

　また，特に監査部長などが，自らに自信のある監査人ほど，「これで問題ないのだ」と自負する監査をしている様子は，暴走経営者が「これで問題ない」と，不祥事が露見するまで言い続けている様子にもオーバーラップして筆者には見えるのです。

　一方で，件の講演会にて，「私は異動してきたばかりの初心者なのでよくわからないままご質問させて頂き恐縮ですが……」とおっしゃる方がいらっしゃいました。

　筆者は，「あなたのように，素朴な疑問や監査の日常や旧来からの監査に違和感を抱ける方の方が，熟練監査人よりはるかに本質的に大切なことを見抜けていることが多いです。その違和感を大切にしてください。その違和感をないがしろにすると，監査人として鈍感になってしまいますので，あなたが，今，疑問に思われたことや監査界で当たり前のように思われていることに疑問を持ち続けることを大切にしてくださいね。」とお話しさせて頂いたりしていました。

　ということで，筆者なりに監査における初心者・初級者・中級者・上級者を便宜的に区分けするとしてみます。

　初心者はまっさらな心と眼（まなこ）を備えた方々であり，監査手続きや監査調書の書き方をよくわかっていなくても，本質的な監査上の問いを発することができる方。

　初級者は，監査手続きや監査調書などを習ってある程度理解はできる方ですが，気を付けないと，旧来からの監査の弊害に飲み込まれて，骨抜きにされかねない監査人予備軍。

　熟達した初級者は，中級〜上級者気取りで監査について物事を知っているつもりで大したことをできていない方々。

本当の中級者は，旧来からの監査の弊害を見抜き，何とか監査の実効性や経営に資する監査ができないかと工夫を凝らそうとしてみる方々。

　そして，本当の上級者は，前例の踏襲の熟達やこれまでの監査対応にとらわれず，まだ，コンサルタントや学者なども到達していない監査のあり方を自ら模索し創意工夫を凝らした自社なりの監査を，当たり前のことを当たり前に，勇気をもって取り組み新たな知見やスタイルや技法などを生み出し革新していける監査人。

　ということで，監査経験1か月の上級者もあり得ますし，慢心していると，監査経験12年の熟達した初級者どまりということもあり得ます。

　本書の読者の皆様におかれましては，易しいことを難しく行って賢くなったように思い込む「知能指数の高いバカ」にならぬよう，当たり前のことが本当に妥当かを懐疑心によっていろんな角度から自他ともに妥当かを検証する疑い方の監査姿勢をもって問いながら，当たり前のことを当たり前に実践し，実践しにくい際にはどう創意工夫をこらそうかと建設的に思考し志向するようであって頂ければと筆者は思います。

2 「経営に資する監査」「実効性ある監査」とは：当たり前のことをごく当たり前に実践する

　よく監査人の方々からご質問を受けることのある，「経営に資する監査」や「実効性ある監査」とはどういうものでしょうか，ということについてここで触れておきたいと思います。

　中には，何か特別な技法や手法を用いたり，欧米の新たな研究成果や提言を基にしたりしなければならないという，過剰な「特別な何かを求めたがる症候群」に陥っている方々が少なくないようです。

　筆者はそのような思考や思いを持たれている監査人の方々には，まず，日常の監査において，当たり前のことを当たり前に積み重ねることができていますかとお尋ねしたりします。

　意外と，何か特別なことをしたがる・考えたがる監査人の方々ほど，そうお尋ねした際にいろいろと対話する中で，「そんなことはもう知っています」「私は監査経験も長いので監査手続きなどは熟知しています」などとおっしゃる方々が少なくありません。

　そこで，「では，既によくご存じのことを，知っているだけではなく，実際に実践できていますか」とお尋ねすると，残念なことに，監査に関する物事について知っていればそれでよく，実際にできているか，また，社内政治や各種事情があってできないことの言い訳を考えるために，監査に関する知見をフル活用していらっしゃる「優秀な監査人」が少なくありません。

　往々にして，「できなくて当たり前」と思い込んでいたり，「できていなくても監査が十分に機能しているように見せかけたい」といったりすることのために，経営に資する監査や実効性ある監査という何か特別のもので，なおかつ，

9

現状の監査人の不備や創意工夫不足の言い訳になったり，現状に突っ込んで監査しなくても何らかの技法やフォーマットを用いれば素晴らしい監査であるかのように見せかけられながら，自らの保身を図るための道具を求めている監査人の心理が底流に流れているように筆者には見てとれます。

　ここで，文系型の筆者にとって拙い理系センスを用いて，「経営に資する監査」を基本的構成要素に分けて公式で表してみると，下記のようなものと言えそうです。

「経営に資する監査」とは（　　　）である
「経営」に「資する」「監査」とは（　　　）である
公式：「経営」×「監査」＝（　　　）

　ここで，もし仮に，「イコール100」という数字が健全に目指すべき経営であり監査対応であるとすると，次のような場合は，果たして，監査はどうあるべきなのでしょうか。

　もし，経営が「－1（マイナス1）」だったら……
「経営」×「監査」＝（　　　）の式に沿ってみると
　－1×100＝－100

　つまり，いくら経営陣の意に沿う形で監査がフルに活動しても，経営そのものが不健全なものであれば，監査人は「優秀な共謀者」に成り下がってしまうかもしれないということがありそうです。
　つまり，「経営に資する監査」について考える際に，公式のように表してみた場合，そこには，2つの変数によって異なる帰結が待ち構えているということになりそうです。

「経営」×「監査」＝100になるためには，
　変数①×変数②＝帰結（これがプラス100）
にならなければならない

　ということで，もし，経営がマイナスの志向性を帯びている企業や組織においては，「経営に資する監査」を考える際に，変数①に対して監査人は懐疑的でなければならないということです。

　もし，経営がマイナスの志向性を帯びていた場合は，
　－1×－100＝＋100になるよう，監査人は経営におもねらない（経営陣からみたマイナス方向にいく）ことが重要になるのです。
　つまり，「悪行」×「悪行に沿わない監査・見て見ぬフリをしない監査」＝監査として望ましい姿勢や監査実態である，ということになりそうです。
　監査人といえども，人事権を握られ経済的に企業や組織やステークホルダーに「隷属」している中で，どれだけ監査人の精神的独立性という勇気を保てるかが，経営に資する監査の上で大切であって，小手先のテクニックや技法や手法うんぬん以前により重要なことなのだと筆者は常々感じています。
　ただ，筆者としては，いろんな監査人の方々とお目にかかる中で，一般市民でもある内部監査人が「容疑者」と思しき人を「逮捕」するかのように軟禁してしまう方もいらっしゃったりすると，監査人自身の暴走がないかという観点についても，監査人は自らに対して懐疑的でなければならないと筆者は思う次第です。

　ということで，このような場合について考えると……
　＋1×－100＝－100
　マネジメント・オーバーライドではなく，「オーディターズ・オーバーライド」として，「監査人の暴走」があっては，これまた全体として健全に望ましい状態で経営に資する監査には至らないわけです。

そこで，経営に資する監査についてのテーゼ（命題）を設けてみると，以下のようなことを筆者は監査人の方々に問いかけてみたりしています。

【経営に資する監査を考える際のテーゼ（筆者例）】
テーゼ①
「経営に資する監査」という際に，片方の変数（「経営」）は当然にプラス（＋）であるという前提や思い込みのままでよいのか？
　⇒監査をするということは，会計帳簿を見つめることでも，チェックリストや監査基準を見つめることでもなく，経営そのものを見つめるものではないのか？　またそうであってはいけないのか？
　⇒監査が見つめる先に経営のあるべき姿が見えている上で，監査指摘や監査調書や監査指導ができているのか？　監査活動で監査人が自らの保身のために都合よく監査での個別最適化に終始する処理をしていないか？
　⇒経営陣は監査マインドを持ち，監査人は経営マインドを持って，自制心としての「ブレーキとアクセル」を内在化する必要はないのか？　「自制心」はブレーキを踏むことだけを意味するべきなのか？

　既に述べましたように，経営に資する監査を勘案する際には，変数は２つあるわけで，経営に資する監査をしたいという監査人は，経営について検討・吟味することなく監査を何か特殊な魔法の杖のようなもので都合よく取り扱えると思うままに，片方の変数のみについてだけ議論すれば健全に社会的要請にも沿う形で「経営に資する監査」というようなものが，監査人や監査部門の自己変革抜きに築けると思い込んでいないかと筆者は危惧しています。
　また，「経営に資する監査」という言葉を用いて，経営陣にすり寄って監査人が経営陣の都合よく役に立つ存在として，自らの保身や出世や監査における歪んだ地位向上を志向していないかどうかも，筆者としては危惧するところです。
　特に，内部通報や内部告発や各種不正・不祥事において，監査人はトカゲの

しっぽ切りがしやすい対象者にのみ厳格・高邁な監査をしたり，逆に，経営陣にとって都合の悪い監査対象事案に関して，本来は監査人の監査スコープ内のお話しでも，うやむやにしたり監査のスコープ外のもの，あるいは，監査のスコープから恣意的に外して「やっかい事を背負わないで済む監査」に逃避していないかということも，十分に見つめ直す必要があるものと筆者は思います。

どれだけ素晴らしい製品やサービスを提供していて，CSR上の環境報告書の数値が素晴らしいものであったり，企業統治上の機関設計や独立役員の登用をしていたりしても，経営そのものが問題あるものであれば，それは，「社会に役立つ製品やサービスを提供している悪徳企業」でしかない，ということを意味しているのではないかという筆者の思いは，間違った物事の解釈でしょうか。

特に，コンプライアンスの徹底をうたう企業が多くなってきた中で，そのコンプライアンスの内実を見てみれば，「自社にとって都合よく優良企業であることをアピールしやすい取り組みを行いホームページなどでアピールしていること」と，「自社にとって都合が悪くコンプライアンスに取り組むという大まかな姿勢や指針の中に恣意的に，あるいは，身勝手に不問に付していきながら埋没させるコンプライアンス上の問題を放置する」ということが混在している企業が多いように，筆者は感じています。

その一例としては，サービス残業という労働基準法違反や，男性の育児休暇取得率の極端な低さや，監査人自身が年齢差別や勝手な思い込みで相手を悪者と決めつけて対処する姿勢や，パワハラ，セクハラなどをはじめとする依然としてなくならない問題や，経営陣が交際費管理規定に違反していながら自らの行為を正当化・当然視して身を正さずにいながらにして，部下の些細な不正やミスをあげつらってリストラ対象者に選定するなど，欺瞞や偽善や「片務的なコンプライアンス経営」に陥っている企業が少なくありません。

そのような中で，監査人は「自制心」という言葉を都合よく解釈して，経営陣にとって都合の悪い監査対象事案は積極的に扱わないという，心の「悪しきブレーキ」を踏んでいることはないでしょうか。

自制心とは，ブレーキを踏むという比喩よりも，場合によって，監査人が自

らの心のアクセルを踏み込んで対処するという，なすべきことをなし見て見ぬフリをしないということが自制心として監査人に重要なことであると理解しているでしょうか。

テーゼ②
　業務執行とは別であっても経営活動の一環として行う監査のあり方を模索する際，経営のあり方を検討しなくてよいのか？
　⇒経営視点と，現場目線・現場の皮膚感覚での把握の双方を持って監査にあたることが経営に資するのではないか？　その融合とバランス感覚を持って監査することが，いわゆる経営に資する監査として本来重要なのではないのか？
　⇒経営そのものは監査役が見る，という場合，各部門での経営活動は経営ではないのか？
　⇒監査人は経営を学ぶべきではないか？

　監査人はとかく日常業務の監査作業や監査スケジュールに対して，マイオピア（近視眼）のワナに陥り，経営全体での思考が滞りがちであったりします。
　経営に資する監査を志向したいと高らかに宣言しながらも，その実，経営についてどこまで思料しているか，検討・吟味して監査対応を健全な監査人として行おうとしているかについては，疑問符がつくところでしょう。
　日本の企業統治の傾向として，よく言われることに，経営陣は内部昇格者が多い，ということがあります。
　その経営陣は，確かに，現場を経験してから昇格したのでしょうが，経営陣が肌身で知ってきた現場とは，もう10年から20年前の，昔はそこにあった現場という残像であったりします。
　あるいは，「私は現場から昇格して現場のことは知っている」という経営陣は，かつて現場で指揮し力を発揮できたという「記憶」であり，現在の現場に対する指揮が効果的であるという今の「実力」とは相違するケースもありそう

です。

　毎日のように，また，毎年のように各現場を回り，現場に接する機会の多い監査人が，どれだけ現場のありようや経営視点から見た現場変革や変革案について進言できているでしょうか。

　中には，「私は監査報告でそのようにしています」という方々もいらっしゃるでしょう。しかし，どれだけ現場の「声にならない生の声」を汲み上げ，往査において，現場そのものや職場風土の変革に対して創意工夫を凝らした効果的な監査報告や提案ができているのでしょうか。

　また，監査人が社是・経営理念を出発点として，ミッション・ステートメントをベースにしつつ，経営戦略や収益戦略における中長期計画に呼応する形で，監査ポイントを自ら見出し，「ソフト・ロー的なミッション経営」のために寄与できているのでしょうか。

　企業によっては，監査部長が辞任して頂く方が，監査部員の健全な監査を進めることができるのではないかと筆者から見て強く思える企業があったりしますが，監査部長自身が監査障壁になっていないでしょうか。

　経営は監査役が見るものであるから，監査部門は限られたこれまで通りのスコープ内を見ていればよい，という言い訳で，「想定外の監査リスク」を自ら積極的に作り出して保身に走っていないでしょうか。

　筆者としては，監査人は経営をより学ぶべきだとして，『監査MBA講座』シリーズ（中央経済社）の出版や，監査人指導を進めていたりします。

　確かに，監査と業務執行とは独立性を保つ必要がありますが，経営全体の観点からは，監査は経営活動の一環でもあります。

　監査人が経営について十分に思料し吟味することなく，妄信的に「経営に資する監査とは監査部内でこうすべきこと」と思い込むことは，企業健全性を失わせる危険性が極めて高い，監査を行うこと自体が重大なリスクになるという監査のあり方だと筆者は感じています。

テーゼ③
　なぜ「監査に資する経営」とは言わないのか？　言ってはいけないのか？　経営陣が監査に協力的であってはならないのか？
　　⇒実態として経営陣に監査役が予算・人事など縛られ，内部監査人が人事部によって人事権で縛られている中で，経営が監査に資するものでないままで監査が実効性をもって機能するのか？　経済的／精神的独立性は保てるのか？

　このテーゼに関しては，もしかすると，単なる言葉遊びとして語句の順序を入れ替えてみただけではないかと勘繰られる方もいらっしゃるかもしれません。
　しかし，監査の健全な地位向上や企業健全化に向けて，筆者が「経営に資する監査」について問われる際に，常々，真剣に考えてみたりすることだったりします。
　固定観念として，「監査に資する経営」を志向すべきと言えば，少なからぬ監査人の方々は違和感を抱くことかもしれません。
　しかし，物事の固定観念に縛られたままでは，決して，オリジナリティやクリエイティビティを発揮できないままに，旧来からの監査対応に終始してしまいかねません。それでは創造的破壊と創造的再構築に至りません。
　Tone at the Topとして語られる経営陣の経営姿勢の大切さということの中に，自らが監査対象として健全であり続けられる役員であるために，監査に資する経営として，公明正大に透明性を高めた経営を経営陣が志向すべきではないかという筆者の思いは，果たして間違った排除されるべき考えなのでしょうか。
　また，監査人が監査手法やアプローチにおいて，筆者の提唱・出版を例にとれば『監査コミュニケーション技法』といった現場を巻き込む創意工夫を凝らした上で，経営活動を行う各現場が監査に資する経営活動を志向すべきではないかという思いは，果たして，踏みにじるべきことなのでしょうか。
　役員間での問題としては，社外取締役・独立役員といった組織構成員は，必

ずしも，社内のリスク情報や戦略検討の意思決定材料へのアクセスがよくない企業が少なくないように見受けられます。

そういった役員が監視義務を果たす上でも，(「監視」と呼ぶべきかもしれませんが)「監査（監視や監視義務）に資する経営」をすべきだ，といった際に，どれだけ多くのステークホルダーがそうすべきではないと口をそろえて反発すべきでしょうか。

また，監督官庁の監査などに対し，たとえば金融庁でよく問題にされる「検査忌避」は，監査に資する経営とは真逆の問題行為としてとらえられています。

不祥事1つで経営者が辞任したり，企業経営が立ち行かなくなったりする昨今，経営に資する監査と共に，監査に資する経営という両面からの議論が深められることが必要なのではないかと，筆者は思っています。

それは，「説明責任を伴う経営活動における自制心」というものであったり，「コンプライアンス＝法令遵守＋社会的規範の積極的尊重」といったりするものを進める上で，監査人がキー・プレーヤーとして機能しつつも，同じく，経営陣も各現場もキー・プレーヤーとして機能するべきであるという，当たり前と言えば当たり前のことなのかもしれないと，筆者は思っています。

なお，筆者の極めて文系的な理系的解説により，混乱を避けるため，なぜ「悪行に沿わない監査＝＋100」でないのか，という理数的にはごもっともなご疑問があってはと思い，下記に補足説明させて頂きます。

経営がマイナス志向（不正や健全と思われない対応）の場合，マイナスと表示してみたり，そこに監査人が経営と同じマイナス方向にいかない，つまり，経営陣とは反対（理数的にはプラス方向ですが……）の，つまり，自分が正しいと思い込んでいる（プラス方向だと思い込んでいる）経営陣からしてみれば，心情的に「監査は私たちとは反対，つまり，マイナス方向だ」と思われる方向に監査が健全な対応をとってみたりすることで，－1 x －100＝＋100企業全体でプラスへ向かう，という，理数的にはちょっと異なる表現を便宜的に主観面の心情と客観面の不正／公正の方向性とあわせて表現してみた次第でございました。

一方で，監査人の暴走として，経営が妥当な方向性に向かっているという客観的にプラス方向である場合に，監査人が悪さや正しさの誤った実現方法（監査人が逮捕したり拘留（軟禁ですが……）したりする）という客観的にみて不正であるような－100の行為を行ったとした場合，＋1 x －100＝－100というような表現を便宜的に行ってみた次第です。

　ということで，悪行に沿わない監査は，監査だけを見た場合，プラス・マイナスで示した場合は，当然ながら＋100であるわけですが，経営陣から見れば，監査がごちゃごちゃ言ってうっとうしいとか不正を行いたい経営陣にとってやっかいな－100とみなされるような存在である，というようなことを言ってみたかったのでした。

　もしある方のモットーが，「仕事は常に前向きであれ」ということだった場合，経営陣が不正を行いたいときに，「これがわが社の前向き（ある方向へのベクトル）だ」と確信犯で示された際，監査人として経営陣の言う不正なままの「前向き」に沿って全力を出せば出すほど，経営陣に共謀・加担する悪い監査人になる可能性もあり得るといえばあり得るということかもしれません。

　「真実は揺れ動きながら存在する」と思ったりしておりまして，プラスと思うことが実はマイナスだったり，不正の正当化としてマイナスのことをプラスだとすり替えることもあったりする世の中で，その不条理で必ずしも一義的に確定されるベクトルでないものを，プラス・マイナスの表現で示そうと試みたような面もございます。

　なにぶん，文系の筆者が理数系のお話しについてのご説明や用語・符号の用い方が理系の世界では妥当ではないかもしれないと思いつつ，いろんなご説明の仕方を創意工夫しながら考えてみたりしております。

3 「監査に資する経営」と企業統治

　「経営に資する監査」という言葉はよく監査界で大手を振って闊歩するようですが，言葉遊びではなく，逆に，「監査に資する経営」というと，違和感を抱いたり「なんでそんなことを言うのか？」といぶかしがったりする方々が少なくありません。

　しかし，この「監査に資する経営」は，今，日本や世界でも求められていないことなのでしょうか。あるいは，監査そのものと監査人のあり方を考察する上で，欠かすべきものなのでしょうか。

　筆者としては，「監査に資する経営」は，企業統治としても監査と経営執行の関係においても，また，コンプライアンス経営においても，欠かすべからざるものと考えています。

　「監査に資する経営」は，社会的責任を負う企業において，筆者としては経営上の果たすべき義務であるとさえ思っています。

　実際，名門の大手ホテル各社が「メニュー偽装」として，高級感のある「芝エビ」「車エビ」「九条ネギ」などとメニューに表記しつつ，実際は，そのものではなく安い別の食材を長期にわたり使っていたことで大きな問題になったことがありました。

　また，他にも，国産牛と和牛の表示偽装や牛脂注入した肉を高級和牛などとして売っていたメニュー偽装もありました。

　そういった，社会や消費者やマスコミなどの，経営陣や株主とは異なる企業統治上のステークホルダーは，厳しい視線を注いで問題追及を進められました。

　これは，企業統治上の問題としては，通常ではよく言われる「三様監査（内

部監査・監査役監査・監査法人などの外部監査人による監査）」とは異なる，第4の監査というか社会の中で社会的契約のもとで存在する企業・組織における筆者があるべきと思う「四様監査」として，筆者なりの造語ではありますが，「社会的監査機能による企業経営への監査」であると言えるのかもしれません。

　つまり，監査界で旧来からの監査を教える方々の中には，金科玉条のごとく，また，永世不可侵のごとく，「三様監査」が基本である，と教え込む方々がいらっしゃるようです。

　しかし，筆者からすれば，コンプライアンスは単に法令遵守や決められた物事に従うだけのものではなく，「コンプライアンス＝法令遵守＋社会的規範の積極的尊重」という，「社会的監査機能による企業経営への監査」を意識せずに監査を指導している方々には，本当にいわゆる「実効性ある監査」や「経営に資する監査」を指導できるのか，疑問でなりません。

　また，企業統治の議論においても，主要ステークホルダーの果たす監査機能として，「社会的監査機能による企業経営への監査」が論じられることが少ないように見受けられることに，社会不在の企業統治の議論がはびこっているように思われます。

　実際，メニュー偽装で謝罪会見の際に辞意を表明した某ホテルの社長は，その記者会見を通じて，自社ホテルをご利用頂いた消費者や社会に迷惑をかけたから辞任するということではなく，あくまでも，親会社に迷惑がかかるから辞任するといった主張が当初なされていました。

　こういったことは，まさに，社会的規範の積極的尊重を無視した反コンプライアンス経営であり，また，「社会的監査機能による企業経営への監査」を無視した企業統治の一側面が如実に表れた一例だったように筆者は思います。

　社会的責任を果たそうとする企業経営において果たすべき義務である，「四様監査」として重要な「社会的監査機能による企業経営への監査」へ対応する企業経営としては，社会全体の様々なステークホルダーに対して，情報公開，リスクディスクロージャー（©戸村），健全な経営活動の確保要請に応える各種対応などを行っていくことが，企業統治としても監査スコープ内のお話しとし

ても求められていることと筆者は思っています。

　そのために，三様監査内のお話しでいえば，監査役への経営陣による監査協力や，人事部門による内部監査への各部門長の監査協力がより強く求められていると思われます。

　特に，監査役が問題ありとして上程した株主総会での議案を，経営陣と株主の半ば共謀的関係などによって握りつぶす裁決を行うことは，旧来からの企業統治のお話しでは株主主権や経営陣主権のお話しとしてはごく当然の問題ないこととさえ論じられかねませんが，果たして，そういった企業経営は，社会に受け入れられるのでしょうか。また，社会が受け入れるべきものなのでしょうか。

　経営陣にとって（都合よく）意思決定・判断に役立つ（資する）監査としての下僕的存在として，半ば「経営に資する監査」が何の疑念も違和感もないまま監査人によって論じられていないでしょうか。

　某政権のキーパーソンにすらなったカリスマ経営者が経営していた某銀行が，かつて，金融庁の検査を妨害する「検査忌避」として問題になったことがありましたが，そういった対応は，「監査に資する経営」から外れ，隠ぺい体質の継続や経営者の暴走などの，半ば反社会的とさえ思えなくはないような企業経営ではないでしょうか。

　「監査に資する経営」また「社会的監査機能による企業経営への監査」は，「監査に耐える経営」として監査をとりあえず乗り切ったり隠し通して監査はとりあえずパスすることを狙ったり，監査人を懐柔して監査を甘くしたりすることではなく，堂々と仔細を隠さず「監査に資する経営」を志向することが，社会的にもコンプライアンスのそもそもの意味としても企業統治のあるべき姿としても求められていると筆者は思っています。

4 脱法内部統制報告書制度：J-SOXは死んだ

　オリンパスの内部統制報告書の「虚偽記載」ともいえそうな，確信犯的にわが社の内部統制は有効であるとの有価証券報告書関連の報告を公にしておきながら，いざ，飛ばしの問題が発覚するや否や，訂正内部統制報告書を提出し，上場廃止のお咎めなしとなったことがありました。

　東証もこの対応に対して，（J-SOXはそれとして置いておいて）総合的に判断して上場維持すべき，との結論を出した際に，筆者は「J-SOXは死んだ」と思わされずにいられなかったのです。

　つまり，J-SOXの制度は制度としてゾンビ化して継続しているものの，その意義は壊滅してしまったと筆者は感じさせられたからです。

　平たく言えば，金融商品取引法におけるJ-SOX対応は，「とりあえず，問題がバレるまではわが社の内部統制は有効だ」と言っておいて，問題がバレたら訂正報告書を出しさえすればよい，という程度の制度に成り下がったというか，訂正内部統制報告書という抜け穴を堂々と使いこなせるような法制度になってしまったということが，筆者としては日本の企業統治の退廃を思わされずにいられないという思いに苛まれる次第です。

　通常，有価証券報告書の提出において，故意に虚偽報告をした場合には，当然ながら，東証のルールとして上場廃止となるはずですが，内部統制報告書制度においては，半ば，「脱法内部統制報告書制度」というか，開示すべき重要な不備（かつての重要な欠陥）があっても，とりあえずは虚偽の内部統制報告書を公式に提出することで，どの企業も内部統制でわが社は潔白で健全であるとして，「内部統制ロンダリング」（不適切あるいは機能していない内部統制の実態を，

表面上，健全で有効なものと「健全性浄化」をすることができるという意味でのロンダリング）が可能になってしまったのが，筆者としては異常な状態だと思わずにいられないのです。

有価証券報告書類として，同じように，故意にはじめから債務超過に陥った企業が，問題がバレるまでわが社は5,000億円の黒字の健全な企業であると有価証券報告書を虚偽記載していたら，訂正するだけで上場維持してもよいものなのでしょうか。

どんな悪徳企業であったとしても，現状のJ-SOXによる内部統制報告書制度では，わが社の内部統制は有効だと公言することが許され得る実態に，筆者は危惧しています。

日本版COSOモデルにおける内部統制の4目的の1つである財務報告の信頼性を高める目的にのみ偏重した内部統制対応は，もはや，わが国の株式市場の健全化に寄与するどころか，逆に，欺瞞に満ちた株式市場の健全性偽装の巣窟になっているとさえ見られかねません。

筆者としては，J-SOX制度導入前の議論の当初より講演などでも述べてきたことですが，いっそ，コストだけかかる内部統制報告書制度は廃止し，代わりに，会社法型の内部統制の強化に転換する方が，より多くの企業に健全性の要求を高め，内部統制の実態として健全ではないかと思っています。

実際，上場各社が文書化3点セットこそ内部統制なのだと躍起になる傍ら，J-SOXにおける文書化作業よりも重要なこととして，質問書型のCSA（Control Self-Assessment：統制自己評価）として，会社法型内部統制に準拠する形で，「内部統制＆リスクマネジメント健診」という，日本版COSOモデルの4つの目的と6つの構成要素を掛け合わせた24マスの質問項目において，それぞれ，認識として内部統制を理解できているか，また，実践として内部統制を実際に健全に執り行えているかを問う48の意識調査票を作成していたりしました。

なかなか内部統制の実効性が高まらないというよりも経営陣が自ら監査に資する経営に進んでいかないのは，（社)日本取締役協会などの経営者団体がまとめた資料でもうっすらと浮かび上がる問題のように筆者は思えるのです。

4 脱法内部統制報告書制度：J-SOXは死んだ

図1：企業統治の性質の変遷

「コーポレート・ガバナンスはどこから生まれたか」

戸村加筆：コーポレート・ガバナンスは不変不可侵のものではない（誰が固定不変で良いと言えるのか）
経営陣と株主の間の議論から，社会的要請を受けてステークホルダー全体
（部門長・非正規含む全役職員含め）の議論になってしかるべき

戸村加筆：
この先に来るべき「監査に資する経営」や西村教授の監査における「経営の代替機関説」なども社会的要請として盛り込まれてしかるべきでは？

株主構成の変化
―金融機関保有・持ち合いから，年金基金などの機関投資家へ

70年代以降
株主に代わって，経営者を監督する必要有

60年代まで
経営者への助言が主流

企業倒産・企業不祥事
ステークホルダーに大きな損失

経営者の監督重視へ
・企業経営のリスクを回避
・経営資源の有効活用を促進
・改善不能の場合，経営者を交代

・企業経営の効率化
・株式投資の活性化　＝

コーポレートガバナンス

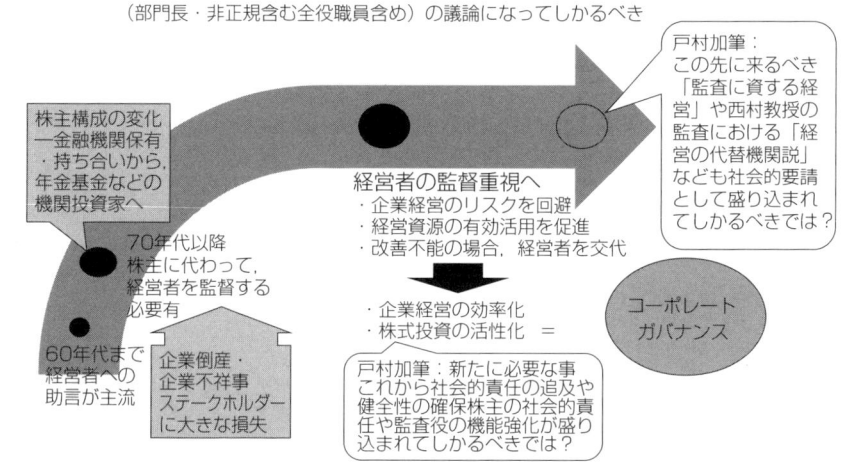

戸村加筆：新たに必要な事これから社会的責任の追及や健全性の確保株主の社会的責任や監査役の機能強化が盛り込まれてしかるべきでは？

（出典：©2012. 日本取締役協会）

　図1にあるように，コーポレート・ガバナンスを検討する際に，経営者の監督を重視する形で展開してきたとまとめつつ，その実は，企業経営の効率化と株式投資の活性化という2点をもってコーポレート・ガバナンスの本質であるかのようにまとめられた資料に，筆者は違和感を覚えるのです。

　また，企業が最終的に判断を下す際には，株主の影響力や意向も反映されるものであるとすれば，株主の議決権行使に期待してみたいところではありますが，なかなか社会的要請に応えられる株主の力は行使されにくい状況があるようにも思われます。

　例えば，西武v.s.サーベラスの経営陣と株主の対立構造があった際には，双方の言い訳や経緯はさておき，社会的問題になるような採算の悪い路線の廃止を株主側が要求するなど，企業の社会的責任や社会貢献を犠牲にしてまで，経営の効率化や株主自身の自己利益のつり上げにひた走ろうとする姿勢では，株

主は社会の支持を得られないと筆者は感じたのでした。

　その議論においては，企業経営における企業統治のステークホルダーとしての地域社会が置き去りにされた議論が横行した感もありそうです。

　株主は企業経営に大きな影響力を及ぼし得る権力を握る存在であるからこそ，それだけに，CSRとして経営陣が企業の社会的責任を問われることより一層の重要性をもって，その経営陣に多大な影響を持つ株主が，社会的契約下における「株主の社会的責任（SSR：Shareholders' Social Responsibility）」（Ⓒ戸村）を担うべきものと筆者は思います。

　企業経営陣も株主も，金・株数・影響力があれば何をしてもよいというのではなく，英国の機関投資家などにおけるスチュワードシップコードのような原則や規定が日本においてこれからより重要になってくるのではないかと筆者は思います。

　社会的存在であり株式市場などでのインフラ的存在でもあるような投資家は，「ISR（Investors' Social Responsibility）」（Ⓒ戸村）として投資家の社会的責任を問われるべきではないかと筆者は思っています。

　更には，社会的監査機能と個人の関係から，個人の社会的責任も大切であると筆者は思っており，社会的契約下で生きる個人も，ISR（Individual Social Responsibility：社会で生きる上での個人の社会的責任）として権利と義務を負うものであり，その責任を果たす個人を「耕す（カルティベートする）」という教育をする上で，教化（インドクトリネーション：刷り込みや洗脳に近いようなもの）ではなく，あくまでも健全なメディアリテラシーも備えた社会化（ソーシャリゼーション）であるべきであると筆者は強く思っています。

　また，経営陣サイドも株主サイドも半ば共謀的とさえ思えそうな主張のように筆者には感じられることとして，日本企業に必要なコーポレート・ガバナンスを論じる際の論調に見え隠れする課題についても筆者は危惧しています。

4 脱法内部統制報告書制度：J-SOXは死んだ

図2：もっともらしい企業統治の主張にツッコミ

「日本企業に必要なコーポレート・ガバナンスとは何か」

モニタリング機能
- 上場企業における経営へのモニタリングは，取締役会こそが中核的な役割を果たすべき
- このような取締役会の役割が十分に機能するために，適切な取締役会の構成を考える必要がある。

↳ 戸村加筆：「取締役兼執行役員営業本部長」なんてのがまかり通っているうちは無理でしょ？　「監査に資する経営」が求められているということに他ならないのでは？

複数名の独立取締役
- 取締役会のモニタリングを公正かつ客観的なものとするために，経営陣から独立した取締役（独立取締役）が，少なくとも複数名存在すること必要不可欠。

↳ 戸村加筆：どうせ独立性は法的には満たしたものとする「独立役員偽装」状態のお友達内閣に落としどころを持っていくんでしょ？　公認監査役制度が必要なのでは？（参照：『企業統治の退廃と甦生』）

アドバイスではなくて，監督・評価
- 独立取締役に期待される役割は，その企業に関する専門的知見を前提とした企業の業務執行への関与ではなく，あくまで自らの有する知識・経験に基づく経営者への監督・評価。

↳ 戸村加筆：そんなきれいごとを言いながら，実際は，企業の内部情報へのアクセスが悪いままに，独立役員に十分に物事を吟味・検討・調査させずボードミーティングで出る話題に遠ざけつつ関与させて健全性をアピールさせたいんでしょ？

（出典：©2012.日本取締役協会）

例えば，(社)日本取締役協会のまとめた資料に沿ってみると，図2のようなモニタリング機能を強化すべき，複数の独立取締役を迎え入れるべき，アドバイスではなく監督・評価を行うべき，という，一見して至極まっとうな主張のように見えることの中に，図2に筆者が加筆したような課題があるように思われます。

　このような企業統治に関する議論や主張を見つめ直してみると，どうやら，企業統治の「主語」の違いにより，様々な問題が交錯し置き去りにされたり過剰に偏った議論になっていたりするようにさえ筆者には思えます。

　そこで，企業統治における3つの「主語」の観点をみつめてみようと思います。

① 「経営陣が（都合よく）企業体を統治するための仕組み」としてのコーポレート・ガバナンスなのか，
② 「株主が経営陣を含めた企業体を（株主の自己利益獲得の道具として）統治する」ためのコーポレート・ガバナンスなのか，
③ 株主だけでなく労働者や社会全体を含めたステークホルダー全体が企業経営の主権者として含まれるコーポレート・ガバナンスなのか，

という主な3つの主語の違いによる企業統治の議論のすれ違いや齟齬があるように筆者には思えます。

　そこで，往々にしてすれ違う議論が延々と続きそうな中で，①～③を統合的に再整理して企業統治の主権者や主体とそのあり方などを見つめ直す必要があるように筆者には思えます。

　企業が公器たり得るものとして，また，社会的契約に基づく存在たり得るものとして，コーポレート・ガバナンスは，本質的には，「経営陣が株主や従業員などを含めたステークホルダーと共に，社会的監査機能による監査や相互牽制機能などの下で，監査に資する経営を志向する中で，企業経営を委任され代理的に経営・運営・統治する自治的な仕組み」であると筆者は再整理すべきだと思います。

　内部自治（Internal Governance）としては，筆者なりに平たく言い換えれば，

みんなで作ったルールをみんなで守り合うための仕組み，というように考えられそうですし，その「みんな」の中に各種ステークホルダーが含まれ，企業に対する社会的監査機能による監査が生じ，監査に資する経営を志向できない企業は社会的に存在が難しくなるものと思えたりします。

　そのような企業統治は，往々にして，「会社は誰のものか」というテーゼで論じられてきたようです。しかし，法人は社会的な契約の下で存在する法律上の"人格"をもつ存在であるとすれば，そもそも，「法人は誰のものか」をめぐる議論やその議論の底流に流れている人々の意識は，言ってみれば法律上の「人」を誰が所有するものかという議論のようで，筆者から見れば，半ば「人身売買」ではないが奴隷制度のような響きをもつような気えさします。

　そんな中で，「わが社は社員を大切にします」と声高にアピールするかのように，現代の奴隷制度としてのコーポレート・ガバナンスでは，ES（従業員満足）に取り組む企業もある中で，奴隷法人の従業員という更なる奴隷が経営陣や株主などへの反乱を防ぐためのガス抜き策や懐柔策でしかないようにもむなしく感じられそうなことがあったりもするように，筆者は思えたりもする次第です。

　その従業員満足向上と同じく，新卒採用に笑顔を振りまき説明会場を回る人事の方々がいらっしゃいますが，一方で，強硬というか悪質化したリストラで「首切り」に目を釣り上げつつ，「リストラルーム」送りにすることの正当化を弁護士と練り上げる人事部門の姿に，経営理念の乖離を感じてしまう実態があったりもします。

　法人は法律上・社会的な契約をもって存在する人格を与えられた存在である以上，問いかけるべきは「誰のものか」ではなく，その法人が「どうあるべきか」という存在のあり方ではないかと筆者は思うのです。

　企業は「誰のものか」を問う奴隷制度的なコーポレート・ガバナンスでは，場合によっては「筆頭奴隷」となる経営陣自身が，その部下という下位の奴隷をどう「所有」「利用」するかを考え，更にその下位の部課長は，彼ら彼女らの下位にいる社員を奴隷化してどう人間を「所有」「利用」するかを考えるよ

うになるのではないかとさえ筆者には見受けられます。

　このような構図の中で，内部統制は奴隷制度をどう正当化し，奴隷化された従業員をどう「内部で（経営陣にとってのみ都合よく）コントロール」するかが重要課題となってしまいかねないことに筆者は危惧しています。

　そのような日本企業における内部統制は，英訳するならば，Internal Controlではなく，Insider Control（インサイダー・コントロール）とでもいうような，インサイダー取引のように悪なるニュアンスを残した表現の方が似合いそうな気もしなくはありません。

　奴隷制度的なコーポレート・ガバナンスと，インサイダーである経営陣に主に都合よく繰り広げられる下位の奴隷にどうムチを打てばよいかという内部統制が，奴隷的であること以外に共通項で括れないかのようにバラバラに機能しようとしているような状況が，現在の日本企業の趨勢のようにさえ思えます。

　奴隷制度的な企業の所有権論争から端を発するのではなく，企業や役職員がどうあるべきか，どうマネジメントに不正対策が織り込まれて自然と不正を遠ざける文化（ソフト）と仕組み（ハード）を整えるかを議論すべきだと筆者は思っています。

　そこで，「統合的内部自治（IIG：Integrated Internal Governance）」として，内部統制はコーポレート・ガバナンスと別物ではなく，内部統制の問題が連携，あるいは半ば「越境」してコーポレート・ガバナンスの問題にダイレクトに影響を及ぼすものとして統合的・融合的に論じられるべきだと筆者は思っています。

　コーポレート・ガバナンスと内部統制をつなぎ融合・統合する要となるものは，社是・経営理念という内部統制でいうところの全社的統制によるものであり，その要・ハブとなるのは，社是・経営理念を中心とする「ソフト・ロー的なミッション経営」と人事権であると筆者は思っています。

　企業統治を悪化させ監査に資する経営や社会的監査機能による監査に資する経営を疎外するものとして，踏み込んだ監査を阻む人事権という監査障壁があります。

法制度の建前や形式的なお話しは別として，実態として，監査役の多くが経営陣から推挙され，内部監査人は人事部から任命されるという，監査をするヒトを指名・任命する人事権が厄介であると筆者は考えています。

　一歩踏み込んで，企業の組織文化や経営陣にとって都合が悪いもののやるべき組織変革・経営革新を阻むのは，実は，現場よりも人事権であるということが問題であると筆者は危機感を抱いています。

図3：踏み込んだ監査を阻む人事権という壁

監査役の多くが経営陣から推挙され，内部監査人は人事部から
任命されるという，監査をするヒトを指名・任命する人事権が厄介

⇒一歩踏み込んで，企業の組織文化や経営陣にとって都合が悪いもののやるべき組織変革・経営革新を阻むのは，実は，現場よりも人事権であるということ…

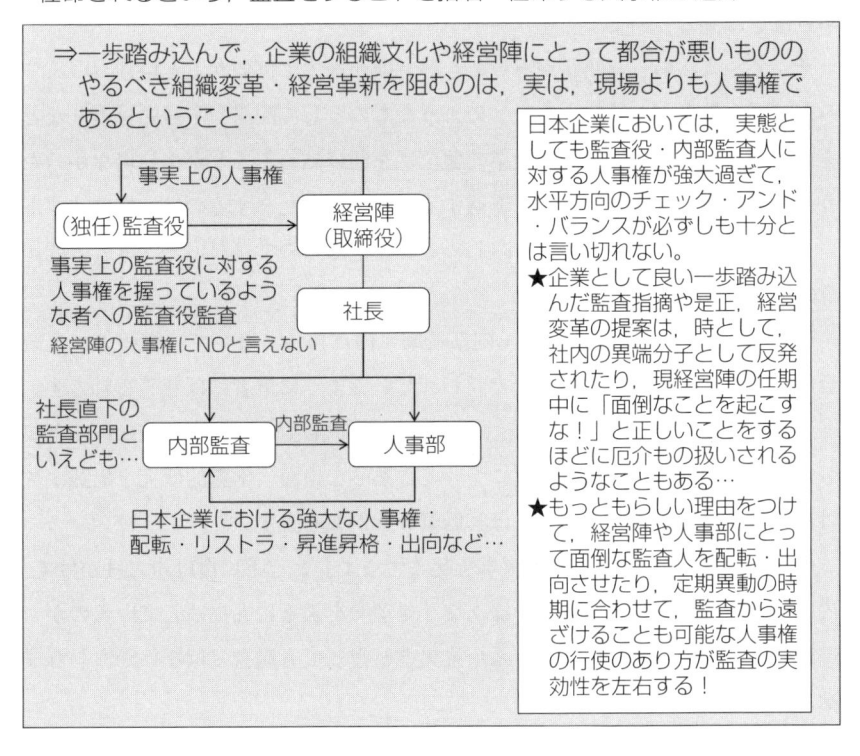

事実上の人事権

(独任)監査役 → 経営陣(取締役)

事実上の監査役に対する人事権を握っているような者への監査役監査
経営陣の人事権にNOと言えない

社長

社長直下の監査部門といえども…

内部監査 ← 内部監査 → 人事部

日本企業における強大な人事権：
配転・リストラ・昇進昇格・出向など…

日本企業においては，実態としても監査役・内部監査人に対する人事権が強大過ぎて，水平方向のチェック・アンド・バランスが必ずしも十分とは言い切れない。

★企業として良い一歩踏み込んだ監査指摘や是正，経営変革の提案は，時として，社内の異端分子として反発されたり，現経営陣の任期中に「面倒なことを起こすな！」と正しいことをするほどに厄介もの扱いされるようなこともある…

★もっともらしい理由をつけて，経営陣や人事部にとって面倒な監査人を配転・出向させたり，定期異動の時期に合わせて，監査から遠ざけることも可能な人事権の行使のあり方が監査の実効性を左右する！

日本企業においては，実態としても監査役・内部監査人に対する人事権が強大過ぎて，水平方向のチェック・アンド・バランスが必ずしも十分とは言い切れない状況に直面することが少なくありません。
　企業としてよい一歩踏み込んだ監査指摘や是正，経営変革の提案は，時として，社内の異端分子として反発されたり，現経営陣の任期中に「面倒なことを起こすな！」と正しいことをするほどに厄介もの扱いされるようなこともあったりします。
　その際，もっともらしい理由をつけて，経営陣や人事部にとって面倒な監査人を配転・出向させたり，定期異動の時期に合わせて，監査から遠ざけたりすることも可能な人事権の不健全な行使のあり方が，監査の実効性を左右するものと筆者は感じています。
　そして，こういった問題があっても経営陣が株主に価値向上という，いってみれば「上納金」や「口止め料」のようなものとして配当や金銭的見返りなどを納め続ける限り，株主側が企業の健全性を問い詰めることが十分になかったり，重要な議決権行使において看過することがあったりするのは，株主サイドにも企業経営の健全性を不能ならしめる責任があるのではないかと筆者は問題意識を高めています。
　「コーポレート・ガバナンス＋内部統制＝内部自治」として，拡張された統合的な「内部自治」が改めて世で問われているように筆者には感じられます。
　以前より，Internal Governanceとして，内部自治的なことが語られてきましたが，その議論は，内部統制についての熱心な検討・学際的研究・実践が欠けがちではないかとさえ思えるほど低調な感があります。
　経営陣の多くが，「不正・不祥事を起こすなよ」と部下に掛け声だけかけて，内部統制の自治的な対策検討や様々な「処理」を部下に丸投げしているのが，一部の優良企業を除く少なからぬ企業実態と言っても過言ではないかもしれません。
　経営陣における内部統制の当事者意識の欠如が甚だしいように筆者には見受けられます。「自治企業」における「統治権」を行使する者として，経営陣こ

そが最も厳格な内部統制上のチェックを受け，監査に資する経営責任を負っていなければ，社会的契約の下で存在する企業の経営者における自由裁量たる「ジャッジメント・ルール」を盾に，自由気ままな経営姿勢を突き通すのは法治国家においては異常なのではないかとさえ筆者には思えます。

　また，そういった実態・現状を許し続ける株主も問題です。株主の社会的責任も問われるべきで，不祥事を起こす企業において，平時のマネジメントにおける株主の社会的責任がどれだけまっとうに果たされていくかが，企業を不祥事体質にどっぷりと浸からせてしまうかどうかを分けるポイントであるとも考えられそうです。

　もちろん，すべての経営陣が問題ある人たちであるということではないですし，独立役員・社外役員の中にもまっとうな方々がいらっしゃいます。

　しかし，まっとうに社外取締役や社外監査役の任を得て責務を果たそうとしている役員の中には，ある課題の克服を強く望んでいるように思われます。

　それは，同じ役員という階層にあっても，社外役員や非常勤役員には，経営者・取締役・執行役などと比して，牽制機能・監視機能を果たす上でリスク情報の格差が大きく，十分に調査・吟味・対応しきれないという実態の克服が強く望まれているということです。

　社外役員を経営の執行から切り離された存在として，そのことをもってより経営の中枢情報から遠ざけ，半ば企業健全性をアピールするための「お飾り」として，社外の役員を機能させたくないという経営者の思惑があるようにも見受けられます

　しかし，自浄作用を高め企業価値の毀損を防ぐためには，社外役員の監視機能を高める必要があるのは至極当然といえば当然のことだと筆者は思います。

　その際，取締役会や監査役会などで，社外役員には十分に社内のリスク情報へのアクセスがなく情報も十分に入ってこない中で，その会議の場に出た議論を深く突っ込んで意思決定・調査・吟味することもないまま，多少の疑問符をつける程度に落ち着きがちなのは，企業統治を退廃ならしめる由々しき問題です。

統合的内部自治のツールとして，役員間情報格差を埋めるiERM（統合的全社的リスクマネジメント）をKRI（キー・リスク・インジケーター）・KCI（キー・コントロール・インジケーター）でリスクとリスク対策の実態をリアルタイムあるいはより即応性を高めた早期警戒システム的なものとして，「リスク管理型ビッグデータ」（©戸村）として整備すべきだと筆者は訴えてきました。

　オリンパス事件や大王製紙事件などを経て，また日本の株式市場や企業健全性が揺らぐ中，企業健全化へのドライバーとして，会社法改正も迷走してきましたし，内部統制や従来からの企業統治のお話し等も当たり前のことを当たり前にできていないにも関わらず，経営陣が既に当たり前のことを大切にするというお話しに食傷気味だったりするようにも見受けられます。

　基本問題を何度やっても解けない生徒が，「もうその問題は何度も練習問題ドリルでやったから飽きた」と，延々と成長・学習が進まないのに基礎問題に飽きたという愚行を，日本企業の経営陣や株主は犯していないかと筆者は心配でなりません。そのくせ，かっこよさそうな応用問題を解きたがるのは，ある意味，かわいいできの悪い子の背伸びのようで，いかに子どもじみた役員が多いことかと思わされなくもありません。

　その実，「死せるJ-SOX」と形骸化・お友達内閣化した社外役員制度は実効性を期待できないものの，あたかもそれで十分だと言わんばかりの企業経営姿勢が各社で垣間見られるようで，筆者としては残念に思う次第です。

　「監査法人にいる公認会計士の仕事は不正発見ではない」と，「期待ギャップ」を堂々と述べて責任逃れに走る日本公認会計士協会も，また，本来は健全で公明に透明性を高める活動を自らも行うべきなのに，筆者自身が被害を受けるような形で直面した問題として，隠ぺい工作や被害者と加害者のすり替えを行ってきてしまったような感のある日本監査役協会も力不足というか画期的な対応は望めそうにありません。

　そこで，あるべき，あるいは，来たるべき企業統治を健全ならしめ，監査に資する経営を志向するために，監査人の経済的独立性と精神的独立性を確保するために，筆者は「公認監査役」制度を通じた「脱法ガバナンス」状態の解消

へ向けて法制度を整備すべきだと思っています。

　企業を監査する監査人は公認会計士なのに，なぜ企業の監査役はアマチュア監査役のままでよいのかという，ごく単純な疑問もありますし，自浄作用の機能不全を招くような自社内での人事権という大きな監査障壁を解消する必要があるのです。

　現在の日本企業の少なからぬ監査役は，いざ，監査役に就任してから，監査役としての基礎から勉強し1年～2年が経ち，やっと基礎的なことは実務を通じてわかり始めたころに任期満了を迎え「大過なく任をまっとうさせて頂きました」と去っていく方々がいらっしゃるのは残念です。

　世間でもマスコミなどでも，「物言う監査役」や「監査役の乱」などと言われること自体が，監査役がいかに機能不全に陥り，あるいは，わかっていながら問題になるべく関わらないようにして「任をまっとうする」ことで，その後に半ば約束されたような子会社の取締役のイスを与えられるという経営陣と監査役陣の不健全な「戦略的互恵関係」が，監査役に物を言うことを遠ざけさせ，監査役がまっとうに監査指摘し株主総会で突っ込んだ議案を上程しようものなら，監査役の乱と称されるほど，監査役が機動的に能動的な対応をすることが珍しいとされるほどに，日本における監査役制度が機能していない証左であるかのような実態を表している憂慮すべき事態にあると筆者は思います。

　また，監査役就任前から，監査に資する経営を志向して監査役のプロを育成しようとする企業はどれほどあるでしょうか。

　少なからぬ企業の監査役においては，自動車運転に例えれば，いきなり車に乗って安全か危険かわからない状態で運転しながら，後付けで，自動車運転免許証を取りに行く「無免許運転型監査役制度」に陥っているような感すら筆者は覚えたりします。

　そこで，プロの監査人を，国家資格試験を通じて学科・実務ともに育成し，金融庁直下にプロとして育成される監査役を人材プールし，どのみち監査役に支払われる金額くらいを企業から拠出金として集め，国費として監査役派遣というような形態をとるよりほかに，監査界の退廃的実態をブレーク・スルーす

るものはないのではないかと筆者は思うのです。

　そんな中，監査界の事態を憂慮してかどうかは別として，金融庁にて不正リスク対応基準が出され，監査法人を通じた企業への不正対策に乗り出したような状況はあると言えばあります。

　しかし，これまでにも，金融商品取引法において，監査法人の監査人が抜けない「伝家の宝刀」がなかなか抜かれないままに，監査法人の公認会計士は不正摘発をするものではないので社会的な期待として不正摘発を求めるニーズとはギャップがあって当然なんですよ，知らない社会の方が悪いんですよ，といわんばかりに，「期待ギャップ」があるから公認会計士による監査では不正摘発や不正の発見が不十分でも仕方ないという，期待ギャップを不正発見や発見した不正の公表などに踏み込まないでいることの正当化の言い訳にしている状況があるようにも筆者には見受けられます。

　もともと，公認会計士の監査などにおいて，不正を見出した場合には，金融商品取引法（法令違反等事実発見への対応）において，下記のように定められています。

第百九十三条の三　公認会計士又は監査法人が，前条第一項の監査証明を行うに当たつて，特定発行者における法令に違反する事実その他の財務計算に関する書類の適正性の確保に影響を及ぼすおそれがある事実（次項第一号において「法令違反事実」という。）を発見したときは，当該事実の内容及び当該事実に係る法令違反の是正その他の適切な措置をとるべき旨を，遅滞なく，内閣府令で定めるところにより，当該特定発行者に書面で通知しなければならない。

2　前項の規定による通知を行つた公認会計士又は監査法人は，当該通知を行つた日から政令で定める期間が経過した日後なお次に掲げる事項のすべてがあると認める場合において，第一号に規定する重大な影響を防止するために必要があると認めるときは，内閣府令で定めるところにより，当該事項に関する意見を内閣総理大臣に申し出なければならない。

> この場合において，当該公認会計士又は監査法人は，あらかじめ，内閣総理大臣に申出をする旨を当該特定発行者に書面で通知しなければならない。
> 一　法令違反等事実が，特定発行者の財務計算に関する書類の適正性の確保に重大な影響を及ぼすおそれがあること。
> 二　前項の規定による通知を受けた特定発行者が，同項に規定する適切な措置をとらないこと。
> 3　前項の規定による申出を行つた公認会計士又は監査法人は，当該特定発行者に対して当該申出を行つた旨及びその内容を書面で通知しなければならない。

　以上のように，いわゆる伝家の宝刀として語られる公認会計士・監査法人における不正対応措置は，オリンパスの飛ばしの問題でも十分に機能したかといえば必ずしも機能しきれなかったようです。
　そして，金融当局が実態としてオリンパスの問題をある程度は早期につかんでいたようですが，ウッドフォード社長が内部告発を行うまで，延々として不正が「優良企業」の名の下で行われ続けたということがありました。
　その結果，法的な対処だけでなく，社会的監査機能による監査としても，マスコミの追及や消費者のオリンパスの一般製品離れ（内視鏡などは嫌でも使い続けざるを得ない状況であったとさえ見受けられる）が起こったり，社会的制裁という名の社会的監査機能による様々な「是正措置」が生じたりしたように筆者には見受けられました。
　さて，企業が社会的責任を負って存在し，健全な経営を志向すべきであるというお話しは，既に，異論を唱える人々が皆無であると思いたいくらい当たり前のこととして社会で受け止められています。
　しかし，これまでの社会に役立つ経営というと，企業の社会的責任（CSR）として，寄付や営利を目的としない慈善活動や添え物的な社会への貢献をはじめ，CO_2削減と森林などの保護をどれだけ自社が取り組んだかを，分厚い環境

報告書という紙の束に印刷してアピールしていたり，企業内のサービス残業問題や労災や各種のコンプライアンス上の問題をないがしろにするかのような対応をしつつ，その贖罪や免罪符的にCSR活動をもってあたかも優良企業の証としてアピールする添え物型CSRかもしれないと筆者が感じられるような企業のCSR活動が少なからず見受けられました。

特に，好況時は昔の企業メセナみたいに寄付したり活発になるものの，不況時には企業としての社会貢献の予算を削減し規模も縮小したりするような感じで行われてきた，これまでのCSRは競争劣位（Competitive Disadvantage）の解消に過ぎないような状態でもありました。

また，経営・収益活動と，社会貢献が別物の扱いだったり，富の再配分や施し型のCSRや，分厚いCSR環境報告書という紙資源の無駄遣いをしていたりすることに違和感を抱いたりしてきたのは，筆者だけでしょうか。

「コンプライアンス＝法令遵守＋社会的規範の積極的尊重」である経営環境下で，監査がもっと自社の社会貢献活動やそれへの経営姿勢・日々の業務活動実態に目を向ける必要があるのではないかと筆者は思っていますし，経営に資する監査においても，また，監査に資する経営としても，さらには，「四様監査」として加えるべき社会的監査機能による監査に対する監査人の対応としても，社会貢献を負担感を減らし本業を通じた社会貢献として競争優位を得る創造的（クリエイティブ）な監査指摘・所感・調書・是正勧告などの提出を通じて，監査側が「社会に資する経営」を業務執行とは独立的であっても後押しすべきだと筆者は思っています。

そこで，経営のあり方の転換が期待されるのは，ズバリ，形骸化や偽善化しがちな従来型CSRから「CSV経営」への転換なのです（CSV：Creating Shared Value）。

ハーバード大のポーター教授が提唱していたものの注目薄の感がありましたが，戸村式に一言で言えば「CSV経営＝本業を通じた社会貢献」＆「CSV経営＝偽善ではなく社会に貢献しながら企業価値と本業の収益力をより強くする競争優位獲得型の社会貢献」というようなものとお話しすることがよくあります。

CSVの共有価値の「共有」とは,「本業を通じた社会貢献」として持続的発展可能な経営・社会貢献を進める上で, 企業統治に関するプレーヤーとしては, 経営陣と地域社会・要支援社会などのみならず, 企業経営のカギを握ります。また, 当然ながら, 企業経営の主要なステークホルダーの１つでもある株主にも共有される価値が関係してきます。

　経営陣においては, 寄付や援助以外にも企業競争力を高め得る社会貢献を通じた本業の価値創造・業績向上が主題となります。

　また, 地域社会・要支援社会においては, 企業活動の自由や保守性の打破や民間企業の諸活動に対して,「よそ者扱い」をせず, 地域社会市場の開放と地元企業との共存共栄などによる地域活性化・法人税収増・必要とする社会貢献と解決策という価値創造とその受入れや, 企業がのびのびと経営活動を通じて地域社会に貢献する上での支援なども, 重要な地域社会の問題を抱える地域社会側からの企業への歩み寄りです。

　株主においては, 企業が本業を通じて社会貢献することで業績も企業イメージ向上による株価・収益などの向上も, 株主としての, フィナンシャル・リターンとソーシャル・リターンの双方を得る価値が生じてくることになります。

　国連で国連主導の世界的CSR運動である「国連グローバル・コンパクト（UNGC）」の普及活動に携わってきた筆者としては, CSRの退廃的な側面が少なからず見出される中で, UNGCの本来の理念が達成されるためにも, きれいごと, 施しというコストではない社会貢献を, 経営者も労働者も, 地域社会も株主も, そして, 監査人も積極的に後押しすることが, 株主自らの価値向上・リターン向上にもつながるものと考えています。

　社会にも企業にも株主にも良い効果をもたらされるよう, 本業を通じた社会貢献で競争力UP経営へ向けて, 本書内でも, コンプライアンス推進・浸透・実効性向上とコンプライアンスそのものを見つめ直す監査人が, 必ず知っておくべきCSV経営について, 筆者のまとめたものを掲載いたしましたのでご参照ください。

5 「社会に資する経営」としてのCSV（Creating Shared Value）経営と監査人が知っておくべきCSV経営の基礎

　このところ，各方面で旧来のCSRの課題・弊害・限界を超えて社会貢献のあり方を見直す上で，また，いわゆる市井でのコミュニティ・ビジネス以上にダイナミックな取組みを行うなどの意向から，CSV経営についてのご相談が筆者に少なからず寄せられてきています。

　また，CSV経営において，監査はどうあるべきかというご疑問やご質問をお寄せ頂くことも増えて参りました。

　そこで，以下にCSV経営についての概要をまとめさせて頂いた後に，CSV経営と監査について考察してみようと思います。

「一言で言って，私は何を目指して仕事をしているのか」という問い

　幅広い分野で活動させて頂いている筆者は，時折，「先生は何を本業になさっていらっしゃるのですか？」というご質問を受けることが少なくありません。

　筆者がこれまでお答えしていたのは，「社会の役に立てるよう，経営コンサルティング・講演／研修・執筆の３本柱で幅広く活動させて頂いています。時折，ＴＶ出演をさせて頂く中で大事だと思うメッセージを投げかけたり，企業フォーラムなどのイベントを社会公共的な意義あるものにできるよう，企画・運営なども担当したり，私費を投じてリスク管理や不正対策の普及啓発活動なども行ったりしています。」という，長ったらしくまとまりのないお話しをさせて頂くことがあったりしました。

実際，コーポレート・ガバナンス・アワードの主宰や企業ガバナンスフォーラム2012では，日本初となる「勇気ある監査役大賞」「勇気ある通報者大賞」の発案・企画・運営を主宰し，社会でとかく不当な扱いや邪険な扱いを受けがちな一歩踏み込んだ問題提起を行う監査役・通報者に対し，社会的風土として，いたずらに煽ることなく，妥当な評価をしていけるようにしようという意図で，下記の掲載文のように行ってきたりしました。

企業ガバナンスフォーラム2012内における筆者主宰特別企画
「勇気ある監査役大賞」「勇気ある通報者大賞」
　概要：http://prw.kyodonews.jp/prs/release/ 201211208414/

　しかし，筆者としては，何かすっきりしない感があり，一言で筆者は何を目指して本業に打ち込んでいる存在なのかを，ものを書く生業としている身として言い表したい思いがあったのでした。
　そんな折，ふと，ハーバード大学の高名なマイケル・ポーター教授が提唱していたCSVという概念が，筆者の脳裏をよぎったのです。
　結論から先に述べれば，筆者は，本業を通じて社会貢献と企業の健全な持続的発展を目指して経営指導や社会への問題提起を行うことを目指して仕事をしている存在です，ということが筆者なりの答えなのかと思ったりしています。
　もっと端的に述べれば，筆者はCSV経営を目指した指導を各分野で行っている，ということになろうかと思われます。
　ちなみに，筆者なりに社会起業家と企業による社会貢献をCSVに沿って整理すれば，本業を社会貢献活動としているのが社会起業家であれば，一般企業は本業を通じて社会貢献を行っていく存在である，と言い換えることができるでしょう。
　そして，筆者は，本業を通じて社会の役に立てるよう，世の中に社会的問題・課題に関する問題提起を行い，その問題解決の手立てや各人の意識を駆り立てるがごとく，固定観念やあきらめで凝り固まった社会風土や人の心を「耕

す（Cultivate）」ことで呪縛を解き，新たな問題解決への種をまく活動を，本業を通じてコツコツ行ってきた，というように言い換えることができそうに思ったりしています。

　筆者なりに語弊を恐れずCSVについて端的に述べると，CSV経営は企業が本業を通じて社会と会社と人を良くしていく「一石三鳥」の経営である，という感じです。

　そこで，「社会を耕す」という連載名を設けて，筆者の本業3本柱の1つである執筆という本業を通じて，新たな問題提起や提言などを日本工業出版での『流通ネットワーキング』という雑誌で試みてきました内容をここで抜粋してご紹介しております。

従来からのCSRの限界点

　既にご存じの読者の皆様も多いかもしれませんが，筆者は国連勤務時に，「国連グローバル・コンパクト（UNGC）」という世界的CSR運動の日本企業誘致・広報業務を担当していたことがありました。

　その際，日本企業や関係各位に対し，環境保全や労働環境の改善や人権尊重に加えて腐敗防止の必要性を説いてきたわけですが，日本企業の経営層・幹部層からは，ことごとく，「それらは大切なことではあるが社会貢献や環境対策と経営は両立し得ないものであり，戸村さんのおっしゃることは若さゆえの青臭い理想論ではないですか」というような反応に終始されてきた覚えがあります。また，CSRは経営とはかけはなれた精神論にすぎないという人もいました。

　それから時を経て，CSRがことさらにもてはやされるようになると，企業経営陣はこぞって「わが社は前々からCSRに取り組むべきだと思い，こんな活動をしています」といわんばかりに，会社案内や企業ホームページにきれいごとのCSR活動レポートや活動報告が掲載されるようになってきました。隔世の感がありますし，儲かるなら何でもする，善人にだってなるという経営陣の節操のなさすら感じさせられかねない思いもございました。

ただ，問題なのは，ある企業では発展途上国に行って植林活動を行い，自慢げに自社のCSR活動報告として披露したものの，実際には現地の生態系に合わない樹木を植林してしまい，却って，植林後に現地の生態系悪化を招いたというお粗末なものもあったりしました。

　また，「わが社は河川のゴミ拾いを行いました」と環境意識が高い企業を標ぼうするものの，その実は，自社の自動販売機の横にある分別回収ゴミ箱に，ペットボトルとカンや瓶や燃えるごみなどがごちゃごちゃに捨てられていて，見せかけだけのCSRパフォーマンスを繰り広げて社会を欺いていたかのような企業までありました。

　まっとうに社会貢献に取り組んでいるように思われる企業についても，半ば，かつて流行った企業メセナや，企業が稼いだ富の再分配的CSRのように，いくら寄付をしたとか本業以外の活動でどんなことをしたとかといった，本業からみて添え物的なCSR活動が繰り広げられたりしてきたこともあります。

　また，経営層のメンタリティとして筆者が対話する中で感じてきたことは，CSRは企業の社会的責任と訳されますが，実際には，「企業の（やりたくもないことをやらないとうるさく騒がれるので仕方なく取り組まざるを得ない）社会的な（中でしぶしぶ負わされて面倒に思う）責任」のように経営層が感じてしまっているということです。

　筆者はきれいごとでもなんでもなく，コンプライアンスを指導する際に，コンプライアンスは企業が利潤の追求を行う存在である以上，利益至上主義で構わないですよと申し上げております。ただし，「健全な」利益至上主義であることが大前提ですからね，ということを繰り返し述べてきました。

　まさしく，CSV経営で求められるものは，本業を通じて社会問題を解決・解消していける中で発揮する健全な利益至上主義なのだ，と言い切ることができそうです。

　また，かつて導入されたエコポイント制度に至っては，企業各社がこぞってエコ対応にしっぽを振る姿をみた筆者としては，以前，エコ対応と企業経営は両立しないとして筆者の話しを突っぱねた日本企業を思うと，エコ対応しなけ

れば企業経営が成り立たない状態になった状況には隔世の感があります。

　ただ，そのエコ対応による社会貢献を名目にしたような対策は，一定の意義はあったのかもしれませんが，実際としては，エコポイント制度は短期的な景気刺激策として需要を先食いさせたに過ぎず，エコポイント制度終了後は，その反動で大いなる不況を招いた結果，大手家電・IT企業の数千億円に上る大赤字を招く一因になっていたようにも見受けられました。

　社会への貢献が，エコポイントのように，刹那的で目先の利益を追うだけの利益至上主義では，マクロ的に不健全な社会的貢献でしかなくなってしまう恐れすらあり得ます。

　これまでのCSRという本来の概念や活動から乖離したかのようなこれまでの日本企業によるCSR活動には，そろそろ限界がきているように筆者には思えてならないのです。

　また，CSV経営は短期的にレバレッジを加えて無理に背伸びをしたり需要の先食いをしたりして痛みの先送りをするものでもありません。

　CSV経営は，企業が本業を通じて，社会的問題を解消しつつ，本業の改善・変革・創意工夫を通じて総合的コストを削減し収益を向上させ需要を創出する持続的な発展を目指すものなのです。

　「一石三鳥（①自社の利益向上②社会問題の解消③持続的に企業収益を支える顧客となる社会の需要や雇用などの創出）」の経営を「徳」と「得」をもって行うものでもあります。

　利益率の向上という損得勘定でみても，また，社会道義的な観点からみても，企業や社会の「利」と「理」にかなう経営を志向していくのがCSV経営です。

　そして，CSRの限界があるからCSV経営に転換していきましょう，という際に，CSRの「R」たる社会的な「責任」を逃れるのではなく，その責任を当然に公器としての企業が備えている大前提の条件として受け止めつつ，これまでの添え物的なCSRから脱して本業そのものを通じた社会貢献を行う経営のパラダイムシフトを意味するのです。

社会と会社と人との乖離を解消するCSV経営

　ただ，残念な風潮として，すべての企業があてはまるとは限りませんが，往々にして企業が行うCSR活動は，社会と会社と人とが乖離した別物的な扱いになっていたりすることが問題です。
　社会が求めている社会的問題の解消と乖離して，会社がやりやすく社内外にアピールしやすいパフォーマンスを企業がチョイスしてCSR活動を行ったとしているように筆者には見えたりするのです。
　その企業内にいる人は，経営層が率先してCSR活動の現場に赴いて企業として重要な問題を現場の生の声に耳を傾けながらCSR活動を行うというより，CSR活動はCSR部門や部下に「やらせる」もので，経営陣や経営幹部自らが時間を割いて自ら額に汗して頭を駆使して行うものではなく，CSR活動の結果報告を部下にレポートさせて自らの手柄として，社内外に自慢する企業内の人と人とが乖離しながらも経営陣にとって都合のよい道具のようなものにCSR活動が成り下がっている感があるように筆者には感じられるのです。
　また，社会で苦しむ人に関しては，本当に必要な支援が十分に行きわたらないまま，企業にとって都合のよい人で「人助け」された方のみが，企業のCSR活動の恩恵に浴することができるのではないかとさえ思えるような，恣意的な選別的「施し型"人助け"」が，企業のCSR活動として横行しているのではないかとさえ筆者は思えてなりません。
　しかし，マクロ的に再整理し直せば，会社は社会の人々からサービスや製品を購買してもらって，はじめて収益を上げることができるものであり，社会が衰退すれば会社の収益源が減るということになる，ということに，特段の異論があるでしょうか。
　社会と会社とそれらの集う人々は，運命共同体的な相互関係の中で，会社が施し的な富の再分配のようなCSRから脱して，社会と会社とそれらに集う人々のそれぞれが成長・尊重され合う道を歩むことが，これからの社会で一層求め

られていることではないかと思われます。

　その際に，CSV経営が社会的問題を本業の改善・変革・創意工夫を通じて解消しつつ，社会と会社に集う人々の幸福と経済的成長をも持続的発展性をもって支援し，その結果，会社は購買力を向上させ社会に役立つ企業へのロイヤリティ・愛着を持ってその会社のサービスや製品を積極的に求めて下さる顧客として会社を支援してくれるようになるのです。

　従来から述べられる「競争優位（Competitive Advantage）」には，①効率性・経済性，②高品質，③イノベーション，④顧客をつかむこと（Customer Responsiveness）があり，その中で言えば，上記の顧客が「ある会社が自分たちにも役立つ社会貢献をしてくれた」としてロイヤリティを持って自社製品・サービスをみつめてくれることは，会社が社会に貢献した結果として，自社が，経済的にも育った自社に愛着をもってくれている顧客をがっちりつかむという競争優位につながり得ることでしょう。

　また，大それたお話しでなくとも，ごく身近にできそうな本業の改善・変革・創意工夫を通じて社会貢献を果たす取組みとして，流通面でみれば，配送ルートを改めて見直し，最短ルートで配送しトラック運転時にエコドライブに取り組むということで，企業としては運送時の燃料代のコスト削減と配送時間の短縮によって利益向上が望める上に，トラックドライバーの過剰労働を少しでも配送時間短縮によって人の面で解消しつつ，社会的にはCO_2排出量・排気ガス排出量を削減して渋滞緩和にもつなげられるようになれば，社会にも社会に集う人にも優しい経営となり，「一石三鳥」のCSV経営となるかもしれないのです。

CSV経営は企業の言い訳やパフォーマンスの道具ではない

　CSV経営は，営利性と強欲とによって利を蝕む際の企業にとって都合のよい道具ではなく，添え物的にいう「社会への配慮をする」「人を大事にする」ということでもなく，社会や人の問題解消・課題克服を企業がどう本業を改善・

変革・創意工夫しつつ企業としても社会貢献として支援しつつ，企業の利益を高め顧客を増やし顧客の購買力を高めていくかを求めていくものなのです。

企業が景気によって左右する寄付金のような副次的な社会貢献ではなく，不況であればなおさら積極的に本業を通じた社会貢献を経て結果的に自社にとっての持続的な利益向上要因を高めていくかを，経営陣が積極的に取り組むことがCSV経営で求められているのです。

本業を通じた社会貢献と本業を通じた利益向上は，コインの表裏一体の関係にあります。

また，CSV経営を推進する際，改めて問われるべきことは，各社の社是・経営理念であると筆者は考えています。

とかく，日本企業の社是・経営理念は，きれいごとを，自社が守るべき自社の憲法としての位置づけというより，あくまでも努力目標やいいっぱなしの抱負的に，一応はまっとうそうな文言を毛筆でかかれた書面を立派な額に入れて壁に飾っておけばよいもの，という扱いでよしとされがちな残念な傾向があります。

しかし，社会と会社と人が運命共同体的な相互関係にある中で，少なからぬ企業は，社是・経営理念という社内外への公約を一方的に破棄しておきながら，あたかも，自社は崇高な理念の下に優良な企業であるかのように社会や人に誤認させる「優良経営誤認」を横行させているようにさえ見受けられます。

中には，「わが社は従業員を大切にする」との旨の社是・経営理念を標ぼうしておきながら，むごいリストラ圧迫面談や産休明け社員の首切りなどで，悪しき人件費削減の「工夫」をこらす「悪知恵クリエイティビティ」だけは優れた「知能指数の高いバカ」な企業もあるようです。

CSV経営が問うのは，根本的に社会と会社と人に関わる諸問題を解決・解消・低減するために，本業でいかに社会に貢献できるかということなのです。

CSV経営の類型

CSV経営においては，既に取り組み始めた各企業・組織・団体・官公庁・地方自治体・NPO／NGO団体など，各社・各組織が各様に展開されてきています。

中には，気づかぬ内に，純なる思いと崇高な理念や逼迫した現状から必然的な対応などとして，自然とCSV経営を実践されているように見受けられる状況もあったりもします。

ハーバード大学のポーター教授の論文にしても，様々な実践例をCSV経営として紹介されていたりしますが，ここで，筆者なりにCSV経営の類型化をもって，CSV経営の漠然とした概念を整理してみようと思います。

類型①：スタンドアロン型CSV経営

A社がCSV経営を志向しようとした際，ポーターが述べるような産業クラスター化や地域・官公庁などを巻き込んだ大規模なプロジェクトとしてしかCSV経営は存在し得ないのか，という命題を掲げてみた場合，筆者の思料するところでは，必ずしもCSV経営は大規模な産官学連携のプロジェクトでなければならないというわけではありません。

実際，CSV経営の実例としてポーターが挙げている例の中でも，某小売業の企業が自社の店頭に並べる商品を全米各地に輸送・配送する際，トラックの輸送経路・流通形態などを見直すことで納期を短時間にしつつ社会的な問題としてのCO_2排出量を減らしながらも，企業収益を改善させる要因となる燃料コストを削減している例を挙げていたことがあったりしました。

この例などは，流通業界・物流事業者がすぐにでも取り組める重要かつ事業戦略的にも高い意義のあるCSV経営のひとつであろうと思われます。

企業単体としてでも，社会的問題を克服しつつ自社収益を改善し社会的に支

持される企業としての取組みを行うことが可能です。

　筆者はこのような企業単体での社会的問題への取組みと課題克服を，営利性を高めながら行うCSV経営スタイルを「スタンドアロン型CSV経営」と類型しています。

　震災復興と日本企業の取組みで言えば，既に某メディアが紹介してご存じの方もいらっしゃるかもしれませんが，被災地の復興に向けて，某IT企業が富の再配分として施し型の支援ではなく，被災地で独立採算事業として成立する形で三陸地方の海産物などを，自社のネットショップ基盤や交渉力を用いて新たな商品として開発・製造・販売し，被災地の雇用の確保から風評被害を受けがちな産物・産業の振興を図り，復興特別税が本年から適用されるように社会的課題となっている震災復興に取り組む事例が見受けられました。

　一過性の震災復興支援であれば，今後，十数年かかる本格復興の長丁場全期間に渡って，持続的で自立的な発展可能な震災復興支援がままなりません。

　CSV経営を志向することによって，長期間に渡り，企業は事業収益を高めつつ，その企業の取組みがもたらす社会に対しての影響として有意義な状況で社会的課題の克服に努めることが可能になるものなのです。

　もし，震災復興を一過性あるいは単発的・散発的な対応で行った場合，却って，長期的視点からみれば被災地における復興者としての地元企業のビジネスを侵食する可能性さえある「復興支援の逆機能」に陥ることが危惧され得ます。

　実際，あるスポーツ団体が被災地・復興者にスポーツ用品を震災直後に多く寄贈するという旧来型のCSR的活動を行ったものの，ある時点から，その支援活動を停止する必要に苛まれた旨の報道もありました。

　スポーツ用品をあるスポーツ団体が被災地・復興者に寄贈した場合，震災復興期にあっては，被災地の地元スポーツ用品店の復興に向けた事業再開や収益を圧迫することになるという問題が浮上してきたのです。

　スタンドアロン型CSV経営においては，企業の独善で行う事業ではなく，地元社会との対話や社会貢献を向上させるためのマーケティング調査や筆者なりの言い方でいえば「社会貢献営業」として地域社会の悩みや声にならない生の

声に耳を傾ける地道な活動を踏まえて，地元企業や地元社会と共存共栄しながら地元企業や地元社会が解決しきれていない「かゆいところに手がとどく」部分に機能する事業活動をすることが望ましいと考えられます。

類型②：ピア・ツー・ピア型CSV経営

これまで，企業の社会的責任として各企業が自社の事業活動においてできるだけ社会に対して「副作用の少ない」状況を志向しがちであったのに対し，CSV経営はその副作用を少なくすることも当然ながら含めつつ，いかに積極的に社会的問題を解消・解決できるよう新たな社会貢献と事業活動におけるイノベーションを発揮していくかが求められています。

このような中，スタンドアロン型CSV経営から内外のネットワークを活用し，旧来の施し先を探すかのようなネットワーク化ではなく，共に社会的問題の解決にあたりつつ自社の事業活動を活性化し収益向上にも寄与するパートナーを，官公庁や公的機関に頼った連携ではなく自社が良きパートナーとマッチングして本業を通じた社会貢献を進めていくCSV経営スタイルがピア・ツー・ピア型CSV経営です。

IT用語としてのピア・ツー・ピア（P2P）であれば，スカイプなどの通信を思い浮かべられることでしょう。また，その対比項目として一極集中で何かに依存しなければ存立し得ないようなクライアント－サーバー型の通信スタイルを想起されることもあることでしょう。電話会社に頼った連絡手段ではなく，自らがネット上で自由に通信相手を探して接続し通話する形態がピア・ツー・ピアとして想定されるものなのです。

それと類似する形で，各社がある社会的問題の解決とそれを通じて自社の企業価値向上や収益向上を目指し，健全で最適なパートナーとのネットワークを構築していくのがピア・ツー・ピア型CSV経営と言えそうです。

その先駆けとなった大規模なものは，CSR調達というような，社会的問題となる環境汚染を引き起こしかねない「副作用」が大きい事業活動・部品生産技

術・部品生産過程を改め，環境対応を充実させた取引先からのみ備品調達を行う，というスタイルがあったりしました。

　しかし，旧来の文脈で述べられる「CSR」を重視した「調達」形態では，受発注基準のエコ対応ハードルを高めるものの，大手企業から部品発注の依頼を受けたいがためにのみ，各部品製造メーカーがしぶしぶエコ対応させられるという外部統制的な意味合いがあり，各部品製造メーカーではかけたくないコストをいやいやかけている感があったように見受けられます。

　震災復興途上に見受けられるピア・ツー・ピア型CSV経営としては，風評被害に苛まれつつも高い技術力や商品力を持つ企業を救済し，その企業の収益向上と社会的問題としての震災復興を加速させ，支援する側の企業も被災地の復興者である各企業との取引を通じて，自社の収益向上も目指す営利性を確保したものとなっているように見受けられます。

　つまり，従前のCSR調達が，半ば，「ウチの会社がCSR上のリスク要因としてエコ対応していないとのそしりを受けてとばっちりを食らいたくないので，各社の者ども，わが社の足を引っ張らないエコ対応をしてくれたまえ」というスタイルに陥りかねない状態から，より積極的に被災地・復興者・各社への支援を充実させつつ自社もCSV経営を通じて企業価値向上と収益向上に打って出るスタイルが，ピア・ツー・ピア型CSV経営として現れ始めているということなのです。

類型③：ソーシャルネットワーク型CSV経営

　「社会を耕す」という本稿のタイトルがよく似合いそうですが，自社が中心になって様々なステークホルダーと連携しつつ，自律分散的なネットワーキングの中で社会開発型の事業展開を進めるCSV経営スタイルがソーシャルネットワーク型CSV経営です。

　ポーター教授がよくネスレのコーヒー生産に関する事例を紹介することがありますが，自社がある地域社会の社会問題を解決しつつ，自社の企業価値向上

と収益向上を目指して事業活動し，その「派生的な社会貢献効果」として地域社会の自律的で自立的な発展と，ネスレの統制下にあらずとも地域社会内で生起した産業・企業・商店などが自律分散的な経済活動を進めていけるように社会基盤や社会そのものを開発していくようなCSV経営のスタイルが，ソーシャルネットワーク型CSV経営であると言えます。

産業クラスターを自社が事業拠点の創設や重要戦略拠点の開設などという地道な投資と「社会的耕作（ソーシャル・カルティベション）」（©戸村）として，時にエンジンを本格稼働させるためのセルモーター的な役割を担ったり，コツコツと社会を耕すように長期的・自立的・持続的な視野の下に働きかけたりしながら，自社の企業価値向上と収益向上の「傍ら」ではなく「メインストリーム」として社会貢献を持って進めていくスタイルがこれにあたると思料されます。

震災復興の面では，各企業が官公庁や自治体の外部統制下や要請などとは独立して，自社の主要機能を持つ拠点や本社を被災地に移転し，そこで戦略的な事業展開を進めることによって，地域雇用の創出だけにとどまらず，復興を加速させる地域商店や地域企業の事業活動を生成促進し，次第に，地域社会が自社とは自律分散的に経済活動を進めて発展していけるよう企図された取組みが，このソーシャルネットワーク型CSV経営のスタイルに合致すると言ってよいでしょう。

筆者個人の思いとしては，様々に多難な事態が筆者自身にも降りかかってくることがあるのだが，絶望に苛まれて生きるより，希望を抱いて生きてきたいという思いがあります。

あるいは，絶望に包まれた中で希望を見出したいという思いというか，絶望的な状況にあってもその中で逆にチャンスとして活かせる希望がないか，希望を何とか生み出せないかと，日々苦悩しつつ笑顔で活動しているような状況と言ってもよいかもしれません。

「戸村智憲」という人間がフィルターや製造工程だとするならば，「絶望」というものが「戸村智憲」というフィルターや製造工程を通って出てくると，そ

こに希望やチャンスや健全さといったものが創出，あるいは，変換されてアウトプットとなり，不純物や有害物質を無害化・低負荷化されていれば幸いである，と思い様々な活動を続けていられればいいなぁという思いが強いのです。

読者の皆様の各企業が，震災を受け「被災地」と呼ばれ続けている地域や社会のことを，ビジネスの成立しにくい土地として自社の事業戦略から除外されることがなく，社会的問題の重要なファクターのひとつである「復幸地」の震災復興を自社の本業を通じて社会貢献しつつ自社も成長できるマーケットとして見つめ直して頂ければと，筆者は願っている次第です。

類型④：オープンガバメント型CSV経営

経済産業省では，ネットなどを活用していき政府を国民に開かれたものにしていこうとする取組みとして「オープンガバメント」を推進しています。

開かれた政府というような感もありますが，やはり，政府・行政・官公庁・自治体などが中心となりつつ，産官学連携や産業界の各社と歩調を併せつつ社会的問題に取り組むCSV経営スタイルがオープンガバメント型CSV経営として想起されます。

震災復興においては，義援金などの公的な配分を通じて営利企業に発注や依頼をしつつ，被災地の震災復興という社会的問題に取り組む形態でもあり，また，第二次安倍政権における大胆な復興予算と復興対策を契機として，各企業や地域社会が社会的問題に取り組み課題解消や克服・是正に進む中で，自社が関与していくCSV経営の形でもあります。

筆者としては，従前の各自治体が行っているような企業誘致・産業誘致は，これからは，「自社が拠点を移す」とか「各自治体が企業を誘致して雇用増や税収増を見込む」という原始的な対応から脱し，CSV経営という文脈でいわゆる企業誘致や産業誘致が進められるべきだと考えています。

確かに，政府や官公庁や自治体などの公的機関がからむ中で社会的問題の解決・解消・対応にあたる場合，優遇税制や産業上の特区などの対応で強力かつ

大規模に物事を進めやすい可能性がありそうです。

　しかし，そういった各企業への働きかけが，「税負担が軽くて済むからこの立地にしただけだ」とか，「政治的思惑で仕方なく，あるいは，何らかの権益を目論んで立地を選定した」というようなネガティブな動機に終始するようでは社会的問題の持続的で健全な解消や解決に至るには心もとないと筆者は感じているのです。

　企業誘致・産業誘致などを行う政府や官公庁や自治体などは，これまであまり述べたくなかったのか，あるいは，立地先の選定マイナスイメージを各企業に与えかねないとして躊躇していたのかはわかりませんが，これからは，各立地エリアやその周辺地域社会が，どのような社会的問題を抱え，どのような解決策を望み，そのために各企業が立地することで各企業がどう社会的問題の解決・解消などに役立ち，そのことがひいては各企業に社会からの信頼やレピュテーションや競争優位などに関わるものとしてどう企業価値を向上させ，収益向上につながる公的支援策があり，どう社会の発展に寄与できるのかを示していくことが重要であると筆者は考えています。

　また，各企業は，雑誌などの広告によくある企業誘致や産業立地の活用を呼びかける誌面において，笑顔の知事や市長などの写真や，「既に」産業に有利なクラスターが「成熟」しているといった記事や，「既にある」飛行機や港湾からのアクセスの速さだけを見て立地や拠点の検討をするだけではなく，「これから」その産業立地を活用してどれだけ地域社会の社会的問題を解消・解決などを行う上で自社がどう寄与し新たなビジネスを創意工夫の下で創出して社会の役に立てるかという，「社会を耕す」イメージを膨らませて産業立地の検討をすることがCSV経営を進める上で望ましいと筆者は考えています。

　そして，その産業立地を活用する企業の消費者などとしてのステークホルダーである我々は，短期的で「投機」的な株価向上に立地コストがどう寄与するかをもってある企業の立地選定の妥当性や善し悪しを判断することよりも，その企業がどう社会的問題の解消・解決などに寄与する形で産業立地の活用を判断し決定・実践しているかを評価するという，中長期の持続的発展可能で健

全な「投資」的判断によって物事を見据えるという見識を養い、社会風土を醸成していく必要があると筆者は感じているのです。

そのような私見を持ちつつ、筆者個人としては、筆者の造語ですが、「シェアード・バリュー・デベロッパー」（SVD：Shared Value Developer）として生きていければ幸せだなぁと感じている次第です。

朴大統領の肝入りで新設された行政機関側からの依頼

日本クラウドユーザー協会の会長でもあります筆者のもとに、ある日本有数の国際会議や国際展示会などを運営する企業の役員の方から、その方の関係する国際協力を願うご連絡が届きました。

詳細を聞いてみたところ、韓国の朴大統領が国策として強化するIT分野などを司る、未来創造科学部という行政機関が主催する国際展示会において、日本からの訪韓団をとりまとめてビジネス面での国際交流を進めるきっかけづくりをしたい、とのことでした。

その時点においても、日韓関係は非常にシビアな状況にあると言ってもよい状態に陥っていましたが、わざわざこんなややこしい時に日韓の国際交流を進めなくてもよいのではというご意見もありましたが、大変な時期でみんなが避けたがるかもしれない時期だからこそ、大切なことを率先して様々なリスクがあっても行うべきだと筆者は思ったのでした。

そこで、韓国から来日された政府主催側の関係者と会談の場を設け、筆者としては、損得という面では事業収益化することはできなさそうでしたが、「社会を耕す」上で、CSV経営とは異なるものの、社会貢献の一環としてお引き受けすることとしました。

昨今の日韓事情からすれば、政府間交流や首脳間交流ですら難しい中、観光や人的交流も厳しい状況下ではあるのですが、そういう時期であるからこそ、何らかのお役に立てるのではないかと思い、訪韓団の結成に向けて、あくまでもビジネス交流として中立的立場から活動を進めてみたわけです。

そういった中立的な立場からの活動は，筆者が国連勤務を経てきたこともあって抵抗なく行えることと，現在の国連事務総長が韓国の方ということも何かのご縁かもしれないと思ったりしたこともあり，筆者としてはスムーズに快諾に至ったのでした。

時を同じくして，日本有数のIT関連団体であるCSAJ（一般社団法人コンピュータソフトウェア協会）からも，日韓におけるIT交流に関し，CSAJでの対応が進めにくい状況があるとのことで，筆者側にCSAJの訪韓希望者を筆者が主宰の訪韓団としてとりまとめて訪韓してほしいとの依頼を受けていました。

韓国政府側では，新設の機関であることや，様々な事情から，国際展示会の準備スケジュールが極めてタイトで，筆者の元に依頼が寄せられた時点では，開催まで1か月程度しか時間の猶予はありませんでした。

早速，通常の多忙な仕事の合間を縫って，急ピッチで訪韓団の組成と訪韓の準備や国際交流のきっかけづくりを進めることとなったのでした。

CSV経営なら収益化を外すべきではないとのお叱りを受けるかもしれませんが，あくまで，損得抜きに「（国際）社会を耕す」お役に立てればとの純粋な思いによるものとして，どうかご容赦頂ければと思います。

社会貢献活動を進める際に感じる不思議なご縁やありがたいご協力

今回の依頼は，Cloud Computing EXPO Korea 2013という，未来創造科学部が初めて主催し開催する国際展示会でした。各国が国策として進めるIT戦略がいろいろとある中で，韓国では，日本にもほど近い立地の釜山において，クラウド・シティとしてクラウド・コンピューティングを国策として世界的に展開する意向を持っていたようでした。

同エキスポに関する情報や視察ツアーの趣旨や概要は，下記のサイトにてご覧頂けます。

http://prw.kyodonews.jp/opn/release/201305171866/

これまでに述べて参りましたが，CSV経営を進める中である立地を選定し，

その立地において産業クラスターを構築し，単なる旧来からの地域興しではなく，戦略的な地域活性化と事業・雇用の創出と社会問題の解決を目指した対応を進めているのが釜山であるようでした。
　まず，筆者として行わなければならないこととして，今回の韓国政府側の意向や，筆者が訪韓ツアーの組成をしていくことや，訪韓にあたっての交通・宿泊のサポートなども用意があることなどを，マスメディアへのプレスリリースや日本クラウドユーザー協会の１万８千名ほどの会員に告知することでした。
　広く周知する上では無料サービスのプレスリリースでは力不足でもあり，有償のプレスリリースのサービスを利用したのですが，その時点で回収の見込みがそもそもないため，筆者の私費を投じて準備することとなりました。
　この点は，CSV経営を説く筆者としては，事業として収益を上げて独立採算が可能なCSV経営の観点から明らかに失格だと思えました。
　しかし，それより大きな観点から，「社会を耕す」上で，損得抜きに，いろいろと準備を進めることとしました。
　一般事業会社が企画旅行を打ち出して旅行手配をするには，業法上の違法性もあり得ます。そこで，利害関係もなく柔軟にかつ迅速・的確に対応してくれそうな旅行代理店を選定することにしました。最終的に，HISに依頼したのですが，ここで不思議なご縁というか状況がありました。
　株式会社エイチ・アイ・エス　東日本法人団体専門店事業部　団体旅行営業グループ　視察旅行セクションが，今回の訪韓団を旅行手配の面で無理難題に近い急な状況でも快く親身にサポートしてくれることになったので大変助かりましたが，その住所地をよく見れば，なんと当社オフィスの向かいのビルで，あまりにも近い立地でした。
　それまで，向かいのビルに同社の事業部があることすら筆者は知りませんでした。また，そのご担当者の名字も，CSV経営の連載ご担当編集者さんのご芳名と同じであったりするなど，不思議な状況があったりしました。
　何人お集まり頂けるかわからず，また，これまで取引もなく，儲かるか徒労に終わるのかもわからない筆者からの協力依頼に対し，快く応じてくれて，さ

らに，韓国政府側での様々なご依頼や手続きなどの煩雑な対応にも，スムーズに的確な対応をしてくれた同社のご担当者様には，この場を借りて改めて深く御礼申し上げる次第です。

訪韓団の組成にあたっては，開催まで1か月程度の短い期間にも関わらず，趣旨をご理解頂き賛同して頂いた方々が集ってくれることとなりました。

筆者が日頃お世話になっている出版社の編集長以外は，すべて，面識のない方々でしたが，どれだけ日頃から顔を合わせていようとなかろうと，趣旨に賛同するという共通の思いがつながる者同士の連携の方が，はるかに優れているようにも思えました。

社会貢献活動を行う方々は，少なからずご経験のことかと思われますが，意外と，普段からお付き合いのある方々は，そのすべてというわけでもないでしょうが，重要な局面で腰が引ける方や，協力を快く受け入れてご一緒して下さる方が少なかったりするという事態に直面したりします。

そんな時，これまで見ず知らずの方々でも筆者の呼びかけに賛同して集って頂けるという，不思議なご縁や状況に，毎度のことながらありがたく思うのです。

現場に行ってみてわかるいろんなこと……

成田空港から釜山への直行便は，たくさんあるように思っていたのですが，実際のところ，大手の大韓航空とLLCのエア・プサンしかないようでした。

筆者としては，LLCブームの昨今，それなりのサービスで評判のエア・プサン便に興味が引かれて同社のフライトを用いることにしました。

実際，LLCといえば，機内食や各種サービスを徹底して省いてローコスト化しているものと思っていたのですが，エア・プサンでは機内食も無料（航空運賃に含まれるもの）として提供され，座席ピッチ（前後の座席間の幅）も通常のエアラインと変わらないほどでそれなりに快適でした。

また，成田空港からのボーディング（搭乗）は，意外だったのですが，バス

で駐機エリアまで行ってからタラップを上るのではなく，専用ゲートがあって成田空港のターミナル建屋から他の航空会社同様に歩いてそのまま機内まで搭乗できるスタイルでもありました。

　釜山の空港に到着後，筆者の私費負担でご用意した専用チャーター・バスに移動し，およそ40分程度で，会場周辺でもあり，韓国内の随一のリゾート地でもある海雲台（ヘウンデ）地区に到着しました。

　街並みを車窓から見ると，日本の建築関連法では許容されないのではないかという立地にも，軒並み，超高層のアパートが立ち並んでいました。

　ここで，「アパート」というのは，どうやら，韓国では日本と逆の言い方をするらしく，日本でいう「アパート」は「マンション」といい，日本でいう「マンション」は「アパート」というらしいのです。

　つまり，日本では違和感のある言い方かもしれませんが，「超高級アパート」が，海雲台に立ち並んでいたのであったのでした。

　現地の方に聞くところによると，韓国の家電市場は，輸出向け製品がかなり安くプライシングされている一方で，その反動というか利益減を国内に求めてのことか，韓国国内では家電の価格が高いという不満があるとのことでした。

　また，お国違えば商習慣も異なるようで，詳しくは存じ上げませんが，ここでのお話しすべて共通に現地の方のお話しに沿ってということでいえば，賃貸物件は，日本であればローンなく借りられるものでしょうが，韓国では，借主が銀行からローンを借りて大家に支払い，ローン金利などの分と半強制的な「貯金」として月額ごとの支払いをする一方，大家は借主からのローンで得た金額を運用して儲けて家賃収入としているとのことでした。

　それでは，あまりにも借主側に不利なのではないですかと筆者が聞いてみましたら，退去時には借主が借りたローン金額はそのまま返金されて銀行に返済してローンが消し込まれ，銀行は月額で借主から払われた金額から金利や手数料分を差し引いて，半強制的な貯金分の差額が借主に返されるか貯金しておけるとのことらしいのです。

　儒教の影響が強いとされる韓国で，長幼の礼儀が厳しく問われるという文化

的差異以外にも，不動産事情もいろいろと異なるようでした。

エキスポ会場にて……

2泊3日で訪韓した交流団の主宰として，前夜は訪韓団のおもてなしでプルコギ（焼肉）の宴席をご提供し，韓国内で流行っているというビールで乾杯などしつつ，ホテルでは山のような締切・資料作成などと格闘して眠い中，逗留先からエキスポへの特設シャトルバスが運行されていたので専用バスにて会場へ赴きました。

釜山の国際会議場（BEXCO）は，実際に訪れる前は，東京ビックサイトや大阪のインテックスのような会議場・展示場のイメージでいましたが，意外にもこじんまりとした規模・雰囲気でした。

一応，協力依頼を受けて訪れた筆者はVIP対応とのことでしたが，日本でのケースと比べてみると，それほどVIP的な対応というほどではなかったかもしれませんが，会場で受け付け後，主催者側で用意された日本語‐韓国語の通訳の方が無償でついてくださって大変助かりました。

韓国では，比較的，日本語をお話しになる方がいらっしゃいますが，筆者は「日本語がお上手ですね」という日本人にありがちなお話しはしないことにしています。いろいろな歴史観・観点があるかとも思われますが，植民地化と日本語教育をさせられた経緯があったという状況かと思われますので，一定の配慮あってのことでありました。

さて，いざ会場に入ると，まず韓国での環境保護対策の状況がわかりました。それは，公共の場などでは，省エネ・消費電力削減の対策として，屋内の設定温度やエアコンの稼働可否などが法令で定められているとのことでした。

そのため，日本の展示会場などで感じるよりずっと暑い（というか，そのくらいの方がエコでよいのかもしれませんが……）のでした。

少し暑く感じられて会場内の設定温度を下げてほしいという思いもありましたが，逆に，日本の省エネ「努力目標」とか，クールビズという，法令で縛ら

れない対応が甘いように思えてきたりもしました。

　会場に入り，いろいろなクラウド・コンピューティング関連サービス・製品などのパネルを見たり担当者にインタビューしてみたりすると，意外なことに，日本でIT製品やサービスを売り出す際によく語られるエコ対応という売り文句がほとんどないのでした。

　実際，300社程度の出展社を回ってみて，クラウドがエコ対応でよいというアピールをしていたのは，たった1枚の展示パネルだけであったように記憶しています。

　また，筆者が東日本大震災の1年前にも記録に残る状態で提唱していたことですが，クラウドが危機管理・防災・事業継続・DR（ディズアスター・リカバリー）などに適しているという「危機管理型クラウド」といった視点は，日本では今やIT業界のセールスにおいて常套文句であるかのように声高に叫ばれてきていますが，この釜山の展示会では，そういった論調・アピールは，ソフトバンクとＫＴ（韓国の大手通信事業者）との連携で取り組まれている釜山データセンター事業以外には，ほとんど目にすることはなかったのでした。

　こういったことは，現地に行ってみて，国際展示会場でいろいろとインタビューや視察をしてみて少なからず違和感というか驚かされたというか，IT市場における国際間のギャップを筆者が感じてみた次第でした。

釜山のクラウド関連団体との交流と連携

　現地では，政府系のクラウド活用促進を支援する機関や，釜山におけるクラウド提供企業団体のトップなどとも交流を深めてきました。

　日本と違って，韓国のITトップはスピード・身軽さ・クラウド利用が進んでいるように感じられたのは，筆者が名刺交換をして話し終わってホテルに戻ろうかというころ，某クラウド・サービスというかSNSというか，メッセージ機能を使って団体トップ自らが筆者の個人宛てに「今夜の夕食を一緒にとらないか」と問い合わせてきたところにも表れていたように思います。

筆者は訪韓団へのおもてなし第2弾として，釜山で一番と現地の方々の間で評判が高いフグ料理店に訪韓団の皆様をお招きして宴席を設ける（もちろん筆者の私費負担ですが……）予定であったため，残念ながらお断りしなければなりませんでした。

同団体のトップは，国際会議などで多忙な中，自らがさっとクラウドを通じて筆者にコンタクトをとって積極的に交流を深めようとする姿勢に，日本企業や日本の団体などの腰の重さとの違いを感じずにはいられませんでした。

結局のところ，筆者と今後も連携・ビジネス支援展開を進めたいとのことで，MOU（日本的に言えば協定書や覚書）などを締結して一緒にIT交流を取り組もう，ということが先方の希望でした。

筆者としては日本クラウドユーザー協会の会長としても，個人的にも，特に異存はなく同意し，現在，『韓国クラウド企業総覧』などと銘打って筆者が企画する書籍の出版を支援しようかなどと思案しているところであったりします。

また，筆者に寄せられたことのひとつとしては，IT面にて韓国内で困ったことやビジネスパートナー探しや，信頼できる企業などを探したい時には，政府系のIT関連機関や民間の団体などが支援してくれるとのことでした。

もし，読者の皆様の中で上記のお悩みなどがある際は，筆者までご連絡・ご相談頂ければ，韓国側の担当者に話しをつなげるかと思います。こんなところでも，何か筆者が縁を紡ぐとか少しでもお役に立てるようであれば幸いです。

ちなみに，本稿では，筆者が視察や訪韓団という言い方をしていますが，筆者自身の考えとしては，国会議員をはじめ，地方自治体や市会議員など，とかく視察という名の下に公費で「観光旅行」をするかのような方々には，「そんなに大切なことなら，われわれの税金による公費ではなく私費で行け」と思ったりしていたりします。

もちろん，筆者は今回の訪韓において，主催者から何らかの賄賂や便宜を図るための利益供与などは受けていませんし，読者諸氏においては，CSV経営が本業を通じた社会貢献であり収益性も高め採算ラインを越えていくものであるとしても，その収益が不当・不健全なものであってはならないことを忘れて頂

きたくありません。

　賄賂や利益供与で得る「収益」は，CSV経営の目指すべき「収益性向上」の範疇にはあってはならないことです。

　その後，緊張が続く日韓関係の中で，ビジネス面・学術面において中立的な取組みとして，当社（日本マネジメント総合研究所合同会社）と韓国クラウド経済団体・大学とにおいて，国際協定を調印することとなりました。

　詳細は，既にリリースした，

http://www.value-press.com/pressrelease/116338

に掲載の通りです。

　また，本稿執筆時は筆者が主宰を務めるコーポレート・ガバナンス・アワード2013を直前に控えていましたが，勇気ある通報者や勇気ある監査役などが，とかく，「社会的弱者」ならぬ，筆者なりの言い方ですが「会社内弱者」に追いやられる惨状に接してきた中で，そういった方々にエールを送り，たとえひとときの心の救いなのかもしれないものの，勇気ある通報者大賞・勇気ある監査役大賞・勇気あるガバナンス大賞として表彰させて頂き，まっとうなことをまっとうに行われた方々を社会的に評価する土壌を醸成させて頂くことができればと，私費を投じて（CSV経営的観点からは収益化をすべきでしょうが……）活動させて頂いていたりします（このアワード詳細は，公表させて頂いた資料・リリースや本書掲載の通りです）。

　既に前述の「社会的に評価する土壌」という，「土壌」において，CSV経営の推進は企業側・地域社会や各種ステークホルダー側のそれぞれの「悩み」から，「社会的耕作」が出発するということを述べておこうと思います。

社会貢献活動は企業や社会やステークホルダーにおける「悩み」を大切にする

　筆者が常に呼びかけ問いかけさせて頂いていることとして，「何かお悩みがあればいつでもお気軽にご相談ください」ということや，「何かお役に立てる

ことがあれば，損得に関わらずご連絡ください」ということです。

　これは，なにも，偽善的な営業活動のセールストークのようなものとして述べていることではありません。

　実際に，企業不祥事に経営層がからんでいるような事案において，内部通報者や，監査部門の中でもまっとうな方々が，会社から予算もつけられない中で駆け込み寺的に筆者にご相談・支援を求めていらっしゃるような場合に，弁護士ではない筆者としてできる範囲でその企業の顧問弁護士や公認会計士などでは思惑や立場などから避けたがったり，実務担当能力が乏しくて対応しきれなかったりしてできていない実務的な相談や心のケアなどを含め，各種ご支援を無償で行ったりすることも少なくありません。

　また，高等教育機関においては，学者という倫理性が極めて高く求められる立場の者による不正行為への対処や防止において，同じく，学校法人の経営層の不正対策への理解が得られないままに窮された方々からのご相談に応じて，これまた通常であれば立派な経営指導として成立するビジネスにおいてすら，無償で行っていたりすることもあります。

　もちろん，筆者がこう述べると，「なんでもかんでも無償でやってくれるんだろ，だから，うちも経営に余裕は十分あるが無償か破格の指導料でやれよ」という物事を逆手にとってくる方々がいらっしゃった際には，厳寒の雪原のような中で窮地に追いやられて今にも命や大切なことを守るコートすら脱がされようとした状況でもなく，ぬくぬくとコタツに入っていながら寒空の下で，筆者の本業という服を脱がせようとする方々には，通常通りに妥当な費用を頂戴させて頂く旨について，言い方はやんわりとでも厳しくであろうとも，毅然とお話ししなければならないようなこともあって悩ましいことがあったりもします。筆者としては，善意を逆手にとらないでほしいなぁと思います。

　筆者は何を行っているかと言えば，他人がどうなっても筆者が儲けたいという心理を出発点にして物事に臨んでいるのではなく，自己犠牲を快感と思うマゾ的体質なのでもなく，悩みに打ちひしがれる方々や，悩みに苛まれて困っていらっしゃる方々のお役に立てればという思いを出発点に，無償での社会貢献

65

活動をはじめ、有償であっても、その頂戴する尊いお金が悩みの解消でお役に立てるようにと、経営指導・講演／研修・執筆などをはじめとする各種活動を行っていたりするのです。

同じく、「悩み」という言葉が示すこと以外に換言すれば、「痛み」を筆者も肌身で感じながら、共に共感しながら、物事にあたることが、本業を通じた社会貢献としてのCSV経営で重要な観点だと筆者は感じています。

そうでなかった場合の社会貢献は、企業側からすれば、自社だけが有利に社会に優良な企業像をアピールする「宣伝費」として、寄付や社会貢献活動への予算どりを行っているようなものでしょうし、相手に必要のない活動を身勝手に行って「いい人面」をしているような押しつけがましい支援の域を出ないことでしょう。

また逆に、支援を受ける側としては、企業の商業上の立場を多少なりとも理解したり、根拠なき絶大なる保守性から相手を拒絶して企業と協調・協働していくことができなかったりした場合、支援を受ける側の企業への支援要請は、ないものねだりなのかもしれませんし、そのような観点だけから活動する社会貢献を求める運動は企業と共存共栄できないゆすりたかりのようなことにさえ陥る可能性がないとは言い切れないような状況かもしれません。

そこで、CSV経営の推進には、企業側にも各種ステークホルダー側にも、双方に社会貢献の意識変革と動機づけを行うと共に、双方が協調・協働できるよう社会に伴走していけるコーディネーターが必要になると筆者は感じさせられました。

そのため、本稿執筆の現時点では社会貢献機関と検討している段階ではありますが、広く社会でCSV経営を普及啓発し実践していけるようにする「CSVコーディネーター」（©戸村）を養成していくことが求められているように筆者は感じています。

CSVコーディネーターによる「社会貢献営業」を進める

　さて，各種企業における営業では，とかく，売れない営業担当者ほど，「買ってくれ」一辺倒の押していく営業が多いように見受けられますが，CSV経営においては，営業面でも収益戦略面でも，社会にアプローチして企業収益を向上させるスタイルは異なった形で求められます。

　筆者は前述の通りに「悩み」が重要なCSV経営の出発点であるとしていますが，企業側にしてみれば，筆者としては下世話であまり言いたいとは思いにくいものの，社会における「悩み」は企業経営における絶好のチャンスである，ということなのです。

　実際，CSV経営といった用語が飛び交う以前から，某家庭用品企業では，家庭の主婦（今となっては，「主婦」という用語を用いるのは問題であるように思えますが，当時のマスコミの報道などで述べられていた通りにお伝えしていて心苦しい面があります。主夫でもハウスキーパーでも，家事に携わられている方々と記載した方がよいのかと思案するところですが……）を集め，家事で悩み事や困ったことや「こんなものがあったらいいのに」ということはないかマーケティング調査を行い，その「悩み」から新商品を続々と開発・販売し，いまや，誰もが知っているような某商品が末永く愛顧されているというようなことがありましたし，今も同様のことがより工夫され，ビッグデータやデータサイエンティストなどを通じて行われているように見受けられます。

　経営者から見れば，もしかすると，営業担当者が自社の顧客でもない訪問先や市井の井戸端に赴いて「無駄話をしたり無駄話に耳を傾けようとしている」ように見えたりすることは，実は，社会で求められ自社の顧客もつかみきれていない社会の生の「悩み」・声・ニーズを把握するVOC（Voice of Customer）の最前線であり得たりしますし，CSV経営の出発点として重要な取組みであったりもします。

　もちろん，昨今のIT（スマートフォンやSNSなど含めたIT全般）の普及をベース

に，営業担当者が市井に赴くだけでなく，ビッグデータのデータサイエンスを通じて，「売りたいこと」をプッシュするのではなく社会の「悩み」を自社でどう本業を通じて解消しお役に立ちながら収益戦略を遂行できるかというマーケティングと営業，さらには，マーケティング・インとして製販一体の活動を社会に役立ち持続的発展・持続的ご愛顧可能な状態で展開できるかが，「悩み」を出発点にするCSV経営の姿勢にかかっているということができそうです。

つまり，そういった社会（自社顧客や社会全体）のお悩みを拝聴しに行く時間をしっかりとる営業活動は，無駄話で労働時間を浪費する悪しき活動ではなく，筆者の造語ですが「社会貢献営業（CSV営業）」（©戸村）であったり，「社会貢献マーケティング（CSVマーケティング）」（©戸村）であったり，「社会貢献ビッグデータ（CSVビッグデータ）」（©戸村）や「社会貢献データサイエンティスト（CSVデータサイエンティスト）」（©戸村）や「社会貢献バリューチェーン（CSVバリューチェーン）」（©戸村）というべきことであったりするのです。

これまで「提案型営業」やIT企業が好きな用語としての「ソリューション」が，どれだけ実効性をもって顧客や社会に寄与してきたかは疑問であり，とかくかっこよい言葉だけが闊歩した上っ面の対応が多かったように筆者には見受けられます。

そういった経営の各部門で経営の共通言語化・各部門での指導・調整や，あるいは，社是・経営理念としてソフト・ロー的に機能させるべく経営革新を行うための指導などを行う者として，CSVコーディネーターというべきか「CSVコンサルタント」（©戸村）を養成していくべきであろうと筆者は対応を進めてみたりしています。

自社のCSR部門をCSV経営の中枢にする劇薬的対処とは？

経営者の中には，既に，筆者にCSV経営に一気に変革するにはどうすればよいかといったお話しや，CSV経営と監査のあり方などについてご相談があったりします。

ここでは読者の皆様の各社における状況・内情などを十分知り得ない中では，フィージビリティ（実行可能性・実現可能性）は便宜的にさておくとした場合，ある劇薬的な対応があります，ということを議論の呼び水的に述べておこうと思いました。
　これまでCSR部門は，企業イメージ向上の宣伝活動の主体やコストセンターとして見られていたようなことがあるかもしれません。
　そこで，筆者が批判や語弊を恐れず述べてみることとして，CSR部門に予算を配分せず独立採算性の社内カンパニー的な存在としてみると，CSV経営をより劇的に進展させられるかもしれない，というような無謀ともいえるお話しをしてみたりします。
　CSR部門は予算を使うだけの部門ではなく，本業に基づき社会貢献活動を通じて社会に貢献しつつ収益を上げていく，というスタイルに転換する上では，そのような対応も一理あるのではないかとさえ筆者は思うのです。
　もちろん，寄付がすべて悪であるというわけではありませんので，寄付などの社会貢献のスタイルを堅持していく上では，社内にドネーション・ディビジョン（筆者なりの言い方ですが「寄付部門」）のようなものを設けてみるのも一考かもしれません。
　間接部門とされかねないままに，社会貢献の主管部門が価値（Value）を生み出すことで社会にも会社にも共通の（Sharedな）価値をもたらすという，コストセンター的にみられてきた部門が，CSVバリューセンターあるいはCSV価値生産主体となっていくなら，これまで経営者が「悩み」として抱いていた間接部門の従業員に対するものの見方が変わってその従業員にとってもよいことかもしれないと筆者は思う次第です。

憲法改正議論と社会での問題提起・トラブルメーカーというレッテル

　以前に出てきた自民党の憲法改正案を見つめてみる中で，筆者なりに考えることがありました。以前，自由民主党により決定された「日本国憲法改正草

案」によれば，下記のような改正条文案がありました。

> （国民の責務）
> 第十二条　この憲法が国民に保障する自由及び権利は，国民の不断の努力により，保持されなければならない。国民は，これを濫用してはならず，自由及び権利には責任及び義務が伴うことを自覚し，常に公益及び公の秩序に反してはならない。
> （人としての尊重等）
> 第十三条　全て国民は，人として尊重される。生命，自由及び幸福追求に対する国民の権利については，公益及び公の秩序に反しない限り，立法その他の国政の上で，最大限に尊重されなければならない。
> （表現の自由）
> 第二十一条　集会，結社及び言論，出版その他一切の表現の自由は，保障する。
> 2　前項の規定にかかわらず，公益及び公の秩序を害することを目的とした活動を行い，並びにそれを目的として結社をすることは，認められない。
> 3　検閲は，してはならない。通信の秘密は，侵してはならない。

　もちろん，自由民主党のホームページ掲出の上記引用文は憲法改正草案の一部ですが，筆者はキーワードとして「公益」「公の秩序」が目につきました。

　一般的に「公益にかなう活動をする」とか，「公の秩序を保つ」といえば，それだけで素晴らしいことであると想起しがちですが，問題は，何をもって公益とし，何をもって公の秩序とするかということです。

　もし，ある程度の多数なる特定の集団にとって都合の良いことを「公益」とし，その集団にとって活動しやすい状況を確保することを「公の秩序」とするならば，その集団にとって都合の悪いことはおおよそ「公益に反すること」とされ，その集団が活動しにくい状況がもたらされようとする言動を行う者は「公の秩序を害する者」とか反社会的な勢力であるとされてしまうことにもな

りかねません。

　そこで筆者がふと感じたことなのですが，筆者を含め，世の中には様々な問題提起を行い「公益」というものやそのあり方を見つめ直し，「公の秩序」というものやそのあり方に警鐘を鳴らすことで公益的な活動や公の秩序を律する者が存在します。

　こういった問題提起を行う者に対して，憲法改正案に沿って物事を見つめ直した際，果たして合憲的に，また，合法的に社会から排除というか「駆除」というか，社会の隅に「トラブルメーカー」というレッテルを貼り付けられて追いやられる可能性があるようにも筆者は感じられた次第です。

ある公益社団法人の役員との対談にて……

　日本語も英語もとても流暢にお話しになるある公益社団法人の法律関連の博士号をお持ちでいらっしゃる役員の方と対談する機会がありました。

　拙著『企業統治の退廃と甦生』（中央経済社）のご紹介をしていた際に，企業統治に関してのお話しや監査に関するお話しをしていたのですが，筆者としては気になる言葉がその方の口からこぼれてきたのでした。

　筆者が公益と公の秩序を見つめ直し，現状，違法であり倫理的にも問題ある「公益に反し公の秩序が乱れている」にも関わらず多くの者が黙認し続ける諸課題について，警鐘を鳴らし人権を尊重しつつ自律的な是正・改善を促す活動を，筆者としては行ってきているし，公益性がより高いその公益社団法人こそが積極的に行うべきであると述べました。

　その一環として，コーポレート・ガバナンス・アワードを一緒に取り組みませんかと呼びかけてみたのでした。

　それに対し，その役員の方が善意と配慮をもって筆者を気遣ってくれてのことであるに違いないのですが，「戸村さん，そのような活動は，トラブルメーカーとして，組織でも社会でも迫害を受ける危険なことと受け取られかねないので気を付けた方がいいよね」というお話しを頂いたのでした。

筆者は何も憲法9条のお話しをしたわけでもなく，また，政治・宗教のお話しをしたのでもなく，企業統治において弁護士も裁判所も違法であるとする判例に基づいた企業活動における問題・課題についてお話ししていたのですが，世の中で正しいことを正しいと言い，間違っていて改めるべきことを間違っていると言うことがはばかられるような社会風土がはびこっているなら，それは，ある種の社会の空気を感じて自主的にであれ，半ば言論統制的な風土が醸成されているのかもしれないと筆者は思ったりしました。
　そういったことは，いわゆる「上長から目をつけられる」ということにあたるのでしょうが，内部統制がまともにできない企業や組織の中で，半ば人事権を濫用して立派な言論統制的な組織風土を構築・運用することには長けている企業や組織というのは果たして望ましいことなのかと，筆者はいぶかしく思ってみたりしたのです。
　また，筆者が気になったことは，非常に見識が高く法学の専門家でもあるその公益社団法人の役員の方が，安易に「トラブルメーカー」という言葉を用いられたことでもあります。
　筆者としては，トラブルメーカーというレッテルの貼り付け方をするのはあまり好ましくないと思う中で，社会において公益的活動により公の秩序を律する・見つめ直す・現状課題に覚醒させる役割を果たす者の呼称として，トラブルメーカーという半ば負のイメージが定着してきているような呼称ではなく，「プロブレム・プレゼンター（Problem Presenter）」（©戸村）といった，「トラブルを起こす人」というイメージではなく「問題提起（英訳：problem presentation）する人」というイメージの呼称の方がふさわしいように筆者は思うのです。

CSV経営による社会への問題提起において……

　社会問題を是正・解消する上で，CSV経営の推進者が，社内または社会において，必然的に，あるいは，結果的に，社会の現状に対して問題提起し「トラ

ブルメーカー」的な扱いを受ける可能性があり得ることは，CSV経営を進めるにあたって筆者が危惧している点です。

　企業風土，あるいは，一昔前にはやった言い方にすれば企業DNAみたいなもの（不祥事体質の企業は，企業のDNA損傷が起こっているのではないかと思ったりします）次第では，法令違反等で行政上の処分を受けてもなお企業体質というか企業経営の姿勢が変わらない状況が見受けられます。

　例えば，リコール問題で社会問題化した大企業が，時を経て「失敗の教訓を学んで心を入れ替えて健全になってマーケットに戻ってきました」として，健全性をアピールしてもなお，繰り返し，リコールの報告や情報開示が遅れてしまう問題を起こしていたり，リコール隠しと言われても仕方ないような状況に自ら進んで陥っていくような企業もあったりします。

　そういった企業が，CSRからCSV経営に企業経営のコマを進めようとする際，健全性や社会貢献性の優良さを実態と異なる中で装う「経営偽装」状態に陥るようなことが想定され得ます。

　また，憲法改正の議論から派生する問題として，「公の秩序」を乱さないために，現状を是とし，一歩踏み込んだ現状の秩序を改める必要のあるような問題提起を非とする風潮が，憲法の改正によって起こり得るか，あるいは，社会の「空気を読む」という社会心理などによる見えざる影響において生じかねないことは，筆者として非常に危惧しているところです。

　ここでの問題点として，現状を改めるために憲法改正を行うものの，そこからさらに新たな「現状」というか弊害がある状況を改める際，ことさらに「（その時点の現状としての）公の秩序」を乱す良からぬもの，あるいは，半ば反社会的な活動をする者，というレッテルを貼られることが問題です。

　組織学習的にみれば，現状を強化していくようなシングルループ学習から抜け出ようとして，ダブルループ学習において物事を根本から問い直し変革的な視点を持ち込むことに嫌気しがちな社会風土が，守旧というより周りと同じように現状を妄信的に肯定すべきものという同質化に向けた画一的な多様性を犠牲にして何ら違和感のない方向に進みかねない圧力が蔓延しがちなことが問題

であるように筆者は思います。
　また、「公益」や「公の秩序」は、誰が何をもって公益や公の秩序とし、どのような場合に公益に反した、公の秩序を乱した、とされるのか、非常にあいまいでありながら、国家の最高レベルの規定になりつつ一人歩きや濫用的に解釈され適用されそうなことに筆者は心配していたりします。
　公益と一言で言っても、社会の中に存在する企業において、労使間の問題とはいえ、労働者という多くの国民に対し、違法な労働状態である俗に言う「サービス残業」や「名ばかり管理職」といったことをはじめとする国民たる多くの労働者に対して経営陣が問題を放置して続けていることは、公益に反する半ば反社会的な経営執行とも言えそうですが、そういった経営陣にとって都合の悪いことは黙認しつつ、法的に見ても客観的にも問題ある状況を是正・解消していこうという活動をもって各社の現状における秩序をもたらそうとすることは、積極的に黙殺されるか不遇な状況に追いやられるような現状があることは、筆者が腑に落ちない点なのです。
　筆者としては、CSV経営が、安直に企業が健全性や社会貢献性や小手先の対応だけで大掛かりな社会問題に取り組んだと見せかけてそれでよしとするような、都合のよい社会問題を都合のよいパフォーマンスとして取り組まれ、自社を優良企業に見せかける活動を偽装・乱発される道具に成り下がってしまいかねないことを危惧していたりもします。
　もちろん、CSV経営はごく身近な小さな問題から取り組んでもより大掛かりな問題に大々的に取り組んでいってもよいのですが、その取組みが社会と企業の同床異夢と実効性や実態と異なる状況になってしまわないよう留意が必要であることは、ここで申し添えておきたいのです。
　CSV経営による社会問題の是正・解消においても、憲法改正をするかどうかは別としてそれに関する議論においても、同床異夢や腹黒い企てなどがなく、対話や相手を慮る思いを通じて実態として健全に物事が進められるようであるなら筆者として幸いです。

6 監査における創意工夫・クリエイティブ監査

原則主義的な監査対応による監査クリエイティビティと監査イノベーションによる閉塞感・依存心からの脱却

さて，筆者がこれからの監査は，筆者の造語ですが，「クリエイティブ監査」でなくてはならないし，「監査アダプタビリティ」（環境適応型監査）を備えてコンプライアンス経営において社会的要請を踏まえていけるようにしなければならない，と言えば，リスク過敏な保守的というより固定観念にどっぷり浸かった監査人の方の中には，突拍子もないことを筆者が述べていると思われる方々がいらっしゃるかもしれません。単なる思いつきに過ぎぬという人さえいます。

しかし，ここまでに述べてみましたように，有名な上場企業で監査部長を務めるような有能なはずの監査人が，「そんなことは知っている」のに，そんな当たり前のことすらできていない，という監査実態に即してみた際に，今，そして，社会として求められる経営活動を促進する経営に資するための監査人として，「知っている」ことと「実践できている」ことの間にあるギャップを埋める創意工夫やイノベーションが必要だと筆者は思っています。

そのために，本書では，経営に資する監査や実効性ある監査に至るために，必須となるクリエイティブ監査や監査イノベーションを刺激する上で，様々な物事の解釈や物事の見方などを各テーマにおいてご提示するものとして筆者がしたためていくものです。

さて，その監査クリエイティビティや監査イノベーションを阻むものは何か

ということを筆者が思料するところでは，日本企業の監査現場で特に色濃く現れがちな，以下の3大要因でしょう。

阻害要因①：細則主義への過剰な傾倒
阻害要因②：既存のフォーマットや雛形などへの強い依存心
阻害要因③：ゼロからコツコツ考えずにいきなり答えを求める監査人の心理的陥穽

阻害要因①の細則主義への過剰な傾倒については，IFRS（国際財務報告基準：通称，国際会計基準）に日本の会計基準が転換していく際に，旧来からの日本の細則主義から原則主義への展開において，多くの企業現場で混乱がありました。

細則主義では，大まかには，決められた通りに対応すれば一定の収斂された帰結を導き出せる，あるいは，決められた通りにやれば決められた通りの答えが出る，という自由裁量や創意工夫の余地の少ない対応が求められます。

そこでは，新たな取組みをするよりも，実態がどうであるか以前に，いかに決められた通りの対応を決められた通りにこなすかが重要となります。

一方の，これからの監査対応でも重要になってくる原則主義的対応では，実態に即していかに現状を反映させる実効性を高めた対応をしていくかという，自由裁量余地が大きい対応が求められます。

日本企業や日本の社会が，監査人に対して大した期待もせず，また，一流のステップアップした監査人が問題を指摘したり経営変革を迫ったりするより，二流程度でよいから監査の太鼓判を押して健全性のアリバイ作りをしておけばよい，という状況があったように筆者には思われます。

また，日本の会計制度において，細則主義的なUS-GAAPを礼賛する風土も，細則主義に過剰なまでに傾倒していった背景要因だったのかもしれません。

一昔前であれば，「上がりの職」という言い方をされて，監査人は半ば名誉職的扱いをされていたり，場合によっては，他の部門ではうまくいかない人材の配置転換先部門として監査部門が扱われたりしたこともあったことでしょう。

さらに，監査人が監査職に配属させられた際，監査人はこれまでのヒューマンスキルや知見などを脱ぎ捨てて，監査人という裃をつけて形式的にある決められた対応に準拠することが求められたり，「監査人の優秀さ＝決められた監査対応にいかにマニアックなまでに準拠できるか」ということを監査人自身も求めていったりしたことが，日本企業の監査人における細則主義への過剰な傾倒の背景にあることなのかもしれません。

　そういった細則主義型の監査人にとっては，実効性を高めるために新たな監査対応の取組みを試行し創意工夫を凝らすことは，決められた対応からの逸脱行為でもあり，リスク過敏症に陥った監査人からすれば，到底，取り組む勇気ある一歩を踏み出せないままに，旧来の監査対応に終始して，経営に資する監査や実効性ある監査から遠のいてしまう結果に至る次第です。

　実態に即して，監査対応として知っていることを実践できるように，原則主義的な監査対応・監査姿勢が必要になってきていると筆者は思っています。

　また，誰がやっても決まった通りにすれば一定の成果物を算出できる監査対応では，スキルや知見の劣る監査人を底上げする機能はあっても，その弊害として，監査における思考停止や，誰かが決めてくれるまで動けない指示待ち型・様子見型の監査人が横行するようになるのです。

　阻害要因②の既存のフォーマットや雛形などへの強い依存心については，上場企業ですら専従の監査人が1人しかいないような企業もある中で，組織横断的に幅広い部署に対して監査を進行する上で，時間的制約や人員的な制約から，とにかく出来合いのものをぱぱっと使って監査作業をこなしたい，という状況に陥ることによって起こりやすいものと筆者は思います。

　クリエイティビティやイノベーションは，他者や他社の成果に沿いたいという依存心が強いと，自分で問題意識を持って仮説を立て検証したり，感性を生かしてひらめきを導いたりする上で障害となりうまく機能しなくなってしまいます。

　言ってみれば，自分らしさという自分の実態に即した和歌を詠みたいと思っても，依存心が強く既存の和歌を模して形式的に和歌を詠みたいと思う人は，

ありきたりのフレーズしか出てこなかったり，盗作と言わずとも何かのコピー程度のものしか生み出せなかったりします。（厳密には，和歌における「本歌取り」という，他の和歌のフレーズを一部用いる手法はありますが，オリジナルの和歌に至るには，依存心が強いことはリスクとなってしまいます）

　和歌の例ではわかりにくい，というお子さんのいらっしゃる方には，例として，すねかじりの子供を思い浮かべて頂ければと思います。

　自立心なくあなたという親への依存心だけで生きていこうとしている子は，いつまでたっても，自分の生きる道を自分の力と試行錯誤や学びを通じて切り拓いていくことができません。

　もしかすると，言い過ぎかもしれませんが，日本の多くの監査人は，翻訳学者，あるいは，学術的専門商社の監査知見を輸入して販売する営業社員的学者のような存在のすねをかじり続けている監査人なのかもしれません。

　筆者が指導させて頂いてきた監査人の中には，ある監査対象事案に対して，「〜に従えば〜と考えるべき」という言い方に終始される方がいらっしゃいました。

　そこで，筆者は，監査人のクリエイティビティとイノベーションを触発するため，「あなた自身はどう思いますか」「あなたの思いを監査で活かすには何をどうすればよいとあなたは思いますか」「ほかの学説や議論に頼らず，あなたが監査現場で何を感じどういう感覚を得ましたか」などと，依存心を切り捨てまずは感想という初歩的段階であっても，自立した意見や思いを自ら発して頂けるよう仕向けてみたこともありました。

　自分でひとりの人間として考えたり感じるなら当たり前に出てくる答えや方向性であっても，監査人として肩肘を張ってしまい，何かの出来合いの物事に引きずられた瞬間に，当たり前のことが当たり前に考えたり感じたりできなくなってしまう人が少なくないように筆者は思います。

　また別のある監査人の方は，監査チェックリストの改訂をしたいとおっしゃるものの，「雛形依存症」から抜けられず，新たな監査の視点を盛り込んだりチェック項目を考え出し設定したりできずに悩んでいらした方もいらっしゃい

ました。
　そこで，筆者は，まずは手元にあるチェックリストを破いて頂き，ホワイトボードにペンで「うちの会社はどんな会社で，何を目指しているか」「うちの会社が特に社会的に求められることは何か」「うちの会社で気を付けたいことは何か」などといったことを思いつくままにランダムに書いて頂き，その中から，「この記述をチェックリストの項目にしたらこう設定することができますよね」と，既に監査人の中にある答えを引き出す助産師的に，発想法や整理の仕方を指導させて頂いたこともありました。
　雛形依存症の監査人の方は，まず，その雛形を破ってみる，誰かの考えたことをなぞるのではなく，自分で考えてみることを筆者はお奨め致します。
　阻害要因③のゼロからコツコツ考えずにいきなり答えを求める監査人の心理的陥穽（ワナ）については，雛形依存症の監査人の背景と似たものがありつつも，心理的な構造として，監査人は厳然として現場などですぐに物事の答えを出さなければならない，そうしなければ，監査人として甘くみられたり軽んじられたりする，という恐怖感が背景にあるように筆者は思います。
　また，現場に寄り添って現場と共に考える協働スタイルやコーチング型監査（CBA：Coaching Based Auditing）ができないと，現場での物事の機微を軽視したり気づけなかったりするままに，一足飛びに，自分の用意した監査シナリオや思い込みで答えを出して慢心してしまうことも，監査人の物事を公平公正にまっさらな視点で見る資質に欠けてしまって陥るワナでもあります。
　社会調査法などでよく言われる「価値フリー」の視点から，監査人が自分の思い込みや価値観を抜きにして，現場そのものを観察し現場なりの物事の流れや職場風土や行動様式を皮膚感覚で理解するようにしておく必要があるでしょう。
　その上で，相手の身になって考えつつ，監査人として必要な指摘や指導を相手が誤解なく納得して受け止めやすいように配慮した相手にフィットする監査対応をするには，何をどうすればよいか考えていくクセをつけるようにするとよいでしょう。

細かく分類や追加すればいろいろと出てきそうですが，大まかに，監査人の自由闊達な思考や発想を妨げやすい要因を3つご紹介しながら，経営に資する監査や実効性ある監査に歩みを進める上でネックとなる，監査クリエイティビティや監査イノベーション不能からの脱却に必要な主なことについて触れてみました。

　他にもいろいろと監査現場では問題点や課題がありますので，「この場合はどうだろうか」という疑問や反論や異議などございましたら，筆者までお気軽にご連絡ください。有意義で建設的な議論や対話を筆者も望んでおります。

7 コーポレート・ガバナンス・アワードの主宰として

　この度，当社主催にてコーポレート・ガバナンス・アワード2013を下記の通り開催し，3大賞（「勇気ある通報者大賞」「勇気ある監査役大賞」「勇気あるガバナンス大賞」）を発表致しました。

開催日程：2013年11月19日（火）　10時～17時
会　　場：ホテルグランドヒル市ヶ谷　「芙蓉」の間
主　　催：日本マネジメント総合研究所合同会社
選考方法：アドバイザー各位の推薦・一般推薦を受け付け，当社にて最終選考

大賞の選考・発表にあたって：企画趣旨

　オリンパスや大王製紙をはじめ，各種不祥事が相次ぐ中，監査役としてなすべき対応をとったり，内部通報者・告発者として不正を是正しようとしたりしても，往々にして正しいことを行った者の方が，企業や組織からしっぺ返しをされたり社会から疎外されがちです。
　正しいことを行った者に対し，不正を行っている者が，監査心理学における「加害者と被害者のすりかえ」が起こり，不正を正す監査指摘・是正行為や内部通報・内部告発を行った者の方が「裏切り者」や「密告者」としてあたかも「加害者」であるかのように，そして，不正を行っている者の方が「被害者」であるかのように装われることがあります。
　米国の公益通報関連法制度のような，通報者に報奨金を与えて正しい行動に

対する一定の報いがあれば生活資金にも困らない可能性もあるのでしょうが，日本ではそのような報奨金制度はないに等しく，会社からも社会からも疎外され，正しいことを行おうとする風土が育まれないことを危惧されます。

そこで，本企画では，報奨金のような実利を差し上げられなくとも，正しいことを身の危険や生活の危機に直面されたとしても貫かれている方々・企業などに対し，社会的に応援するメッセージを届け，少しでも社会風土を変えていくきっかけになればと願って企画・開催させて頂くこととしました。

事前のおことわりについて……

この「勇気ある監査役大賞」「勇気ある通報者大賞」「勇気あるガバナンス大賞」は，選考された方や団体などの過去の隠された事実や今後の健全性を担保・確証あるいは健全であり続けると保証するものではありません。

「勇気ある監査役大賞」「勇気ある通報者大賞」「勇気あるガバナンス大賞」の選考の参考基準
　・私利私欲からではない勇気ある言動・通報・告発かどうか
　・被害者や社会など誰かの役に立っているかどうか
　・売名行為や意趣返しとしての言動・通報・告発になっていないか
　・正義を成すにもその成し方が正しいかどうか
などに沿って選定

選考アドバイザーの方々や一般投票にて当社にご推薦やアドバイスなど頂きつつ，本大賞選出における不利益を特定のご協力者さまに負わせることのないよう，最終的な責任と選出を当社にて行い，正しさを求めて勇気を出された方々を社会に応援する上で最適ではないかと思われる方や団体を選考致しました。

必ずしも，問題・事件などの報道の大きさやインパクトの大小で決まるもの

ではありません。また，通報の権利や監査役の権利の濫用を煽るものでもありません。

　ここでの大賞発表は，日本におけるすべての監査役・通報者の活動を網羅的に全事案・秘められた事実などを完全に把握できたものではなく，主に公表された情報を基にしています。したがって，「名もなき戦士」のように表に現れてきていない正しさへ向けた争議に当たられている方々がいらっしゃるであろうことと，その方々への応援も併せてお届けできればと思います。

　今後，大賞発表などの活動を続けていける際には，より合理的・機能的な選考過程と十分な調査・準備期間を設けて進めていければと思っております。

　しかし，主宰の戸村の思いとして，企業・団体に媚びるような大賞であったり，いたずらに煽るような大賞であったりすることではなく内部自治・統治体の中での自浄作用を高める上で大切な取組みを社会としてまっとうに評価していければと願っております。

　大賞・パネルディスカッションともに至らぬ点が多々ありましょうが，社会的に各方面でのまっとうで妥当な言行を称える社会貢献活動として，温かくお見守り頂ければ幸いです。

　あまりかっこよくないお話しですが，今回の大賞発表において，いわゆる「受賞者」へのトロフィーのようなものの贈呈や受賞者スピーチと宴席というような華美な仕掛けはございません。

　中には，監査活動や通報において，もうそっとしておいてほしい，という方々や，そもそも，受賞を目的にして活動しているわけではないという無欲な方々がいらっしゃると思われます。

　そこで，ここでの大賞発表は，あくまでも，社会として監査役や通報者やガバナンスの健全性に取り組まれている方々の活動を風化させたり疎外したりせず，社会的に応援する土壌を耕す第一歩としてとらえております。

　今回は，ショーアップも損得も何もない中で，ひっそりとでも確実に，監査役の活動や通報者の活動やガバナンス健全化への活動等を理解し尊重していける場になればと思う次第です。

大賞発表：「勇気ある通報者大賞」の受賞者と授賞理由

受賞者：読者プレゼント水増し問題告発者の元秋田書店社員（女性：匿名対応として授賞）

選考理由：同受賞者は，産経新聞11月7日付の記事が正しいとするならば，同記事によると，「漫画雑誌の読者プレゼントの当選者数を水増ししたとして消費者庁から措置命令を受けた秋田書店の元社員の女性（28）が「不正を告発したら懲戒解雇された」として，同社に解雇撤回などを求めた訴訟の第1回口頭弁論が7日，東京地裁（竹田光広裁判長）であった。秋田書店側は請求棄却を求め，争う姿勢を示した。原告側によると，女性は平成19年に秋田書店に入社後，プレゼント業務を約4年間担当。前任者からの引き継ぎで当選者の水増しを知り，上司に抗議したが，不正を続けるよう要求されたという。女性はその後，睡眠障害などを発症し，23年9月から休職。昨年2月に「読者プレゼントを発送せず，盗んだ」とする解雇通知を受け，3月末に解雇された。原告側は「盗んだ事実はなく，休職中の解雇は無効」と主張している。女性は法廷で意見陳述し「会社は違法行為をただすのではなく，私を解雇することで隠蔽（いんぺい）する道を選んだ。会社の体質が変わらない限り同じことが必ず起こる」と訴えた。」

また，別の報道によれば，この女性が休職中にも不正があった可能性があるとのことのようであり，公判中であり確定的にこの女性が法的に正当か否かは公判にゆだねるとして，勇気をもって不正を正し，その中でつらい思いをさせられ続けてきたことを勘案し，選考・大賞授賞とした。秋田書店の各種報道による主張からすれば，この女性の方が悪者・不正行為者であるというような論調であったがそうならば，この女性は不正を自ら自首し改悛の情をもって対応

したとも考え得るため，そうであってもここに勇気を称えたい。

大賞発表：「勇気ある監査役大賞」の受賞者と授賞理由

受賞者：雪国まいたけ　取締役より告発文を受け不適切会計の調査・是正をすすめた監査役各位（合同授賞）

選考理由：同受賞者は産経ニュース2013.11.6（00：04）付の報道記事が正しいものとしたならば，同記事によると，「キノコ類の生産販売大手，雪国まいたけ（新潟県南魚沼市）は5日，大平喜信社長が過去の不適切な会計処理問題の経営責任を取るために辞任を申し出て，同日の臨時取締役会で了承されたと発表した。辞任する時期や後任人事は決まり次第開示する予定としている。同日公表した社内調査委員会の報告書によると，過去に取得した土地の資産計上や広告宣伝費の計上の方法などに不適切な部分があった。同社は，会計処理問題の判明を受けて発表を延期した平成25年9月中間連結決算を開示する14日までに，問題があった部分を修正する方針だ。修正に伴う累計の影響額は約13億円になるという。雪国まいたけは「株主はじめ関係者の皆さまに多大なるご迷惑，ご心配をお掛けしたことを心より深くおわび申し上げます」としている。」となっている。また，公表・掲出された各種情報からは，取締役より監査役に告発文が投じられ，不適切会計に関する調査を行った監査役は，経営陣に媚びることなく企業健全化に向けて勇気ある行動を起こした存在として敬意を表されるべきものと思われる。なお，本件につき，オリンパスの飛ばし問題にかなり似たようなステップや記載様式で，当初の同社の内部統制を有効とする内部統制報告書が，後日，内部統制訂正報告書により「開示すべき重要な不備」として改められている。内部統制報告制度の抜け穴を突いたような「脱法内部統制報告制度的運用」にメスを入れることに寄与した監査役各位に，本大賞を授賞

しJ-SOXを再考する機会としても見つめ直すべき事案と思料される。

勇気ある監査役大賞の補足資料

筆者から見れば，オリンパスの訂正内部統制報告書と極めて似ているようにさえ思える雪国まいたけの訂正内部統制報告書の公表（平成25年11月14日同社公表：EDINET掲載分より抜粋引用）オリンパスの訂正内部統制報告書が「脱法内部統制報告制度」の「お手本」になっているのかとすら思えそうな，同じような感じで書かれた訂正報告書がありましたので以下に原文のまま引用にてご紹介いたします。

> 1　【内部統制報告書の訂正報告書の提出理由】
> 　　平成25年6月28日に提出いたしました第30期（自平成24年4月1日至　平成25年3月31日）内部統制報告書の記載事項に誤りがありましたので，金融商品取引法第24条の4の5第1項に基づき内部統制報告書の訂正報告書を提出するものであります。
> 2　【訂正事項】
> 3　評価結果に関する事項
> 3　【訂正箇所】
> 　　訂正箇所は＿＿＿を付して表示しております。
> 3　【評価結果に関する事項】
> （訂正前）
> 　上記の評価手続きを実施した結果，平成25年3月31日現在の当社の財務報告に係る内部統制は有効であると判断する。
> （訂正後）
> 　下記に記載した財務報告に係る内部統制の不備は，財務報告に重要な影響を及ぼすことになり，開示すべき重要な不備に該当すると判断しました。したがって，平成25年3月31日時点において，当社の財務報告に係る内部

統制は有効でないと判断しました。

記

　当社は，過年度における会計処理の一部について，外部から疑義を受け社内調査を開始しました。その後，平成25年8月，証券取引等監視委員会の立入調査を受け，不適切な会計処理の疑義が生じたことから，不適切な会計処理の実態，原因分析及び責任の所在を明確にするとともに再発防止策の立案等が必要であると判断し，平成25年10月18日，当社取締役星名光男（平成25年6月の定時総会で選任され，過去の決算に関与していない。）を委員長とする社内調査委員会を設置し，調査を進めてまいりました。平成25年11月5日付で同調査委員会より調査報告書の提出を受けました。

　当該不適切な会計処理が実行され発見が遅れた原因は，リスクの認識及びそのリスクに対応した業務に対する業務管理プロセスの運用について，開示すべき重要な不備があったことによるものと認識しております。

　具体的には，広告宣伝費の計上検討プロセスに関し，広告宣伝活動の立案から実施までの決定プロセスのうち広告代理店との契約交渉から契約締結までのプロセスが担当者任せで行われ，上職その他業務担当者以外の者よる交渉の途中経過の確認や契約締結の最終確認手続がなされなかったことにより不適切な会計処理を見落とす結果となりました。

　また，当社は，雪国まいたけブランドの長期的な浸透効果を狙って積極的に広告代理店等の外部専門家を活用してきましたが，担当部署でイベント等実施に係る費用の進捗管理が十分に行われなかったため，イベント等の実施による役務提供と費用計上時期の差異を発見することができませんでした。

　これに伴い当社は，平成24年3月期以降の決算を訂正し，平成24年3月期から平成25年3月期の有価証券報告書及び平成24年3月期から平成25年

3月期の四半期報告書等の訂正報告書を提出いたしました。

　なお，重要な不備については，本件訂正報告書提出時点において是正が完了していません。当社は財務報告に係る内部統制の整備及び運用の重要性を認識しており，社内調査委員会の提言を踏まえて以下の再発防止策を講じてまいりますとともに，財務報告に係る重要な不備の是正に着手してまいります。

　財務報告に係る内部統制の重要な欠陥を是正するための措置を以下のように考えております。

1　業務プロセスにおける内部統制の強化・是正措置

　　広告宣伝費は，支出金額が大きくなるため，広告宣伝実施決定プロセスにおいて，一定金額以上の実施予定案件については広告代理店との最終商談は担当部長が同席するとともに，担当部長が本部長に進捗を報告し，本部長が提案し社内決裁ルールに従い経営会議または取締役会で決定する業務プロセスを徹底して遵守するように取り組みます。

　　また，広告代理店との契約書締結に関しては，管理本部法務担当によるリーガルチェック及び経理財務部による経理処理の確認手続きを追加し，稟議による契約締結の業務プロセスを徹底して取り組みます。

　　その他，当社としては，業務プロセスのみならず，新体制のもとに，以下の通り全社的な内部統制についても強化・是正措置を行ってまいります。

　(1)　全社的な内部統制の対する是正・強化策

　　　① 経験豊富な独立取締役の増員等による取締役会機能の強化

　　　② 執行役員制度の見直し

　　　③ 職務権限規程の見直し

　　　④ 内部監査の強化

　　　⑤ 内部通報制度の周知徹底

　(2)　経営幹部・中堅幹部のコンプライアンス意識の確立

引用は以上ですが，ご覧になられた読者の皆様にとっては，どこか既視感（デジャブ）として，かつてのオリンパスの訂正内部統制が脳裏をよぎるような感覚を持たれる方が少なくないのではないかと筆者は思ったりしました。

大賞発表：「勇気あるガバナンス大賞」の受賞者と授賞理由

受賞者：ブラック企業大賞企画委員会
選考理由：同受賞者は産経ニュース2013.6.27（20：08）付の報道記事や同委員会発表内容等が正しいものとしたならば，同記事によると，「労働問題に詳しい弁護士や労働組合の関係者らが選ぶ「ブラック企業大賞」のノミネート企業が27日，公表された。従業員の過労自殺問題などが取りざたされた外食関連企業や過労死が労災認定された婦人服製造販売企業など8社が選ばれた。8月11日に大賞が発表される。賞は，パワハラや長時間勤務など企業から過酷な労働を強いられる「ブラック企業」が社会問題化していることを受け，昨年創設された。今年は，過酷な労働をめぐって労災申請や訴訟が提起された企業などを対象に選定した。
　　　　　大賞は，弁護士の佐々木亮氏や首都圏青年ユニオン青年非正規労働センターの河添誠事務局長らがメンバーの「ブラック企業大賞実行委員会」が決定する。」とあり，また，既に同委員会のウェブサイトでも記者会見の模様を含めて各種公表の通り大賞選定を行っている。ブラック企業の定義は様々に設定されているが，企業がとかくコンプライアンスの強化を叫ぶ中，サービス残業や過労死問題などの労働者保護のコンプラアンス対応を疎かにする，あるいは，コスト要因として厳しく疎外する中，コンプライアンス強化の本質的な問題の指摘を通じて，企業経営・企業統治のあり方や意識に企業経営者に媚びを売らずに一石を投じているように思われる対応に，社会的にエールを送るべきものと思料される。

また，大賞を，ブラック企業をブラックリスト方式で選出する手法は，海外で行われがちなものではあるが，日本の各機関が，広告主や協賛金や会費の拠出者への大人の事情から行いたがらないことを積極果敢に勇気をもって行っていることに敬意を表すべきかと考えられ得る。同大賞授賞などの活動を通じ，社会的気運としても，司法・立法・行政各方面でブラック企業対策が促進され，企業経営者企業統治のあり方を再考させる上で企業健全化・社会貢献等において寄与が少なくないと思われる。

開催概要

下記のように，多数のご来場を賜りまして執り行わせて頂きました。

```
開催日程：2013年11月19日（火）　10：00～17：00
開催会場：ホテルグランドヒル市ヶ谷　芙蓉の間
主　　宰：日本マネジメント総合研究所合同会社　理事長　戸村智憲
主　　催：日本マネジメント総合研究所合同会社
共　　催：フジサンケイビジネスアイ
メディアスポンサー：
　　　　　ビジネス＋IT
　　　　　（ソフトバンク　クリエイティブ（株））
　　　　　（2013年10月１日よりSBクリエイティブ（株）に社名ご変更）
　　　　　日本工業出版（株）
　　　　　MyNewsJapan
　　　　　CSRジャーナル
後　　援：日本ERM経営協会
　　　　　日本クラウドユーザー協会
特別協賛：株式会社アクアシステムズ
```

アドバイザー：・日本大学大学院グローバル・ビジネス研究科教授
　　　　　　　（元）世界銀行グループMIGA長官
　　　　　　　（元）大蔵省国際金融局次長
　　　　　　　井川　紀道　氏
　　　　　　・横浜国立大学名誉教授
　　　　　　　エジンバラ大学客員教授
　　　　　　　吉川　武男　氏
　　　　　　・大阪国際大学　ビジネス学部　経営デザイン学科　教授
　　　　　　　一般社団法人国際CCO交流研究所理事
　　　　　　　元　阪急電鉄株式会社　内部監査部調査役　準常勤監査役
　　　　　　　元　以下不動産系6社の準監査役
　　　　　　　（非常勤監査役）
　　　　　　　阪急不動産(株)・阪急阪神ビルマネジメント(株)・(株)阪急コミュニティサービス・阪急リート投信（株）・阪急インベストメント・パートナーズ(株)・(株)阪急ハウジングサポート石井　康夫　氏
　　　　　　・株式会社　日本工業新聞社　『フジサンケイビジネスアイ』
　　　　　　　常務取締役　斎木　純一　氏
パネリスト：・司会進行／ファシリテーター
　　　　　　　日本マネジメント総合研究所合同会社理事長　戸村智憲
　　　　　　・日本大学大学院グローバル・ビジネス研究科教授
　　　　　　　（元）世界銀行グループMIGA長官
　　　　　　　（元）大蔵省国際金融局次長
　　　　　　　井川　紀道　氏

・(株)サンエー印刷　特別顧問
　(株)マーバルパートナーズ　監査役
　(株)パソナ　パソナキャリアカンパニー　顧問
　(一社)ディレクトフォース　監査役部会　会員
　(元)オプトレックス株式会社　常勤監査役
　野末　正博　氏

定　　員：100名様

ご参加費：無料（一般・マスコミ関係者様のご聴講）

対象者様：企業や団体の役員・幹部・管理職の方，行政機関等の企業統治関係者の方，機関投資家の方々，英国スチュワードシップコードにご興味のある方々，ITガバナンス・IT監査関係者の方，内部統制・監査・総務・財務会計などの方々，弁護士・会計士・IT監査人などの方，マスコミ関係者，その他，個人を含め企業統治全般にご興味のある方々など。

企業・団体の枠や競合関係等を超えて，広くご参画を受付させて頂きました。

開催次第：

09：30　受付開始・開場

10：00～10：10：主宰によるご挨拶

10：10～11：10：基調講演「経営に資する監査と企業統治」戸村智憲

11：15～11：55：講演1「内部統制評価の効率化ポイント　～制度対応で終わらせないための実務事例のご紹介」
　　　　　　　　講師＝岸塚　大季　様・大塚商会
　　　　　　　　技術本部　コンサルティングサービスセンター
　　　　　　　　公認情報システム監査人（CISA）システム監査技術者

11：55～13：00：昼食休憩

13：00～14：00：講演2「情報システム部門に対する内部統制とデータベース監査」
　　　　　　　　講師＝安澤　弘子様・アクアシステムズ
　　　　　　　　マネージャー／情報セキュリティアドミニストレータ
14：10～15：10：講演3「リスクマネジメントとコーポレイトガバナンス」
　　　　　　　　講師＝戸田浩二様・サイバービジネス　代表取締役
15：10～15：40：休憩
　　　　　　　　個別Q＆Aなどご自由にご質問・ご相談受付。
15：40～15：55：コーポレート・ガバナンス・アワード　各大賞発表／表彰／主宰より講評
16：00～16：50：特別パネルディスカッション
　＜司会進行・兼・コメンテーター＞
　日本マネジメント総合研究所合同会社　理事長
　戸村　智憲
　＜パネリスト＞
　日本大学大学院グローバル・ビジネス研究科教授
　井川　紀道　氏
　（一社）ディレクトフォース　監査役部会　会員
　野末　正博　氏
16：50～17：00：閉会のご挨拶（10分間）

　以上のように，筆者主宰にて，少なからぬ方々の多大なるご支援を賜り，おかげさまで，筆者の思いをお伝えさせて頂ける場を設けさせて頂くことができました。
　ご来場者様各位，共催社様，ご協賛社様，関係各位にこの場を借りて厚く御礼申し上げます。

8 監査人の自由からの逃走化

アリバイ作り型監査の弊害と思考停止を招く細則主義型監査

　経営に資する監査を論じたり興味を持ったりする監査人の方々と接してみて筆者が思うことは，中には実効性ある監査として，監査人として理解し行うべきと思っている「当たり前」のことを当たり前に行う方々もいらっしゃいますが，往々にして，何か魔法の杖のように，監査の現状や自社の実態を前にして，「当たり前」のことを当たり前に行うというより，また，根本から変革というより，保身を図りつつ監査人として取り組むべき問題を監査における限界や監査スコープ外のことと半ば黙認して現状維持でよしとしつつ，今までになかったような手法や技法を導入しさえすれば，現状を変えていこうとしなくても，自然と手法や技法が監査をレベルアップしてくれて，身の安全・職の安全を軽やかに保ちつつ，監査の経営への貢献をアピールできるかのように考えがちな方々が少なくないということです。

　筆者がみる限り，それは，「はりぼて監査人」とでも言うべき存在のように感じられ，社会に生きる人間として，また，職業人としての中身がなく形式に依存しやすくなる心理に陥っているようにも感じられるのです。

　旧来から金科玉条のごとく奉られてきたかのような，監査計画・監査基準・監査チェックリストの3点セットは，監査人にとっても経営陣にとっても都合のよい監査のはりぼて製造キットのように筆者は感じています。

　もちろん，監査計画や監査基準や監査チェックリストが全く存在意義や活用意義がないわけではなく，監査人の底上げツールとして監査人のスキルや知見

などのマイナス要素を底上げして一応の監査品質らしきものを保てる程度には機能し得るのですが，それらは，少なくとも現状においては，ステップアップ要素ではないということを監査人は十分に理解しておくべきでしょう。

逆に，それら監査の3点セットは，監査人としても経営陣としても都合がよいのは，「監査人としておおよそみんなやってそうな監査計画を（中長期戦略・収益戦略などと連携していなくても）一応は立てて，一般にまあこの基準に沿っておけばよいとしましょうよというような感じで監査基準が用いられ，具体的な監査ポイントに監査人が踏み込んでチェックしているかのように装えるように見せかける証拠・アリバイを作るために2点を踏まえて監査チェックリストを策定してチェック機能をはたしていますから，企業不祥事が起こっても監査人は無罪放免で良いですよね」と，監査界における価格カルテルならぬ「アリバイ作り型監査カルテル」なのか，「監査の健全性偽装」なのか，みんなそろって進歩・変革しないことで，社会的監査機能による企業への監査や批判をそらし，徹底して固定観念に浸って「この範囲で監査をしていればいいんだ」と経営陣も監査人も「監査談合」を自然と行うかのような状況で，経営陣・監査人ともに都合よく活用・重宝されているかのように筆者の目には映ります。

実際，筆者のもとに駆け込んでこられる勇気ある監査人というか心ある監査人の方のご相談やご支援を進めてみると，問題は監査部門として把握していながら，監査部長が臭いものに積極的に蓋をするように不作為による作為のグレーゾーン的な対応でうやむやにされる方も少なくありません。

特に，経営陣がかつて部門長を務めていてその現経営陣が元部門長としても不正に手を染めていたようなケースでは，内部監査人も監査役も，「当たり前」にとるべき言動・選択を，あたかも監査人としての「悟りを開いたように見せかける愚僧」のように，もっともらしい自己正当化・不正の正当化を支援する正当に見せかける主張で，お茶を濁すか問題を看過する「看過役」や保身には「ナイーブ（な）監査人」となってしまいやすいようです。

監査チェックリストの網羅性に凝るもののそこから抜け出た思考を掘り下げられない思考停止に陥りがちなマニアック監査人な方々は，俗に言う「霞が関

文法」のように，都合よく言い逃れしやすいワーディングや解釈や逃げ道を作ったチェックリストづくりなどで，経営に資する監査などを論じたり，監査の達人・上級・中級レベルの監査人を気取ってみたりしたい割に，監査の初心者より愚策を選択する方々も少なくありません。

例えば，監査チェックリストで，「〜が適切に対応されているか」といった場合，その「適切」とは，誰のどんな目的や意図や思惑の下で，どう経営理念などのソフト・ロー的なミッション経営を進める上で「適切」なのかをあいまいにして監査人が思考停止していたりアリバイ作り型監査で踏み込んだ監査対応に着手しないことへの自己正当化での逃げ道を作ったりしているように，筆者は見受けられます。

「これは問題があるとか以前に，チェックリスト通りに適切と思われるのだからそれでよいのだ。監査が重箱の隅をつつくようなことばかりしてちゃいかんのだ」と，監査人の保身に関して都合の悪い面では，監査は細かいことをつつかない方がよいということを正当化している監査人が少なくないように筆者には見受けられます。

また，監査チェックリストで問題があると筆者が警鐘を鳴らし，改めて問題を整理・把握しやすいように提唱している監査のあり方として，外形的適格性監査と内質的適格性監査を混同しないようお話しすることが多いです。

筆者の述べる「外形的適格性監査」とは，外形的に形骸化していようがいまいが，形式として何かが整っているかどうかを問う監査チェックリスト項目や質問項目に見出されます。

例えば，「コンプライアンスマニュアルを策定しているか」というチェック項目で済ませている監査の場合，そのコンプライアンスマニュアルが，内質的に，実効性をもって読まれて理解され，マニュアルに記載されたコンプライアンスについての物事を実際に進めようとしているかどうかという内質的な適格性を見据える監査（内質的適格性監査）に至っているかといえば，遥か遠く及ばないケースの方が多いようです。

そのような外形的適格性監査の達人や上級・中級監査人を自称・自尊する監

査人の方々の中には，思考停止に陥って，「監査の基本や基礎や書籍もたくさん読んで知識人になっているので，本なんかに書いてあることはわかっている」という一方で，目の前の監査上で対応すべき重要で指摘すれば職を失うかのように退職に追い込まれたり左遷されたりするリスクのありそうな問題に対しては，経営陣の空気を読んで半ば積極的に看過していたりします。

そんな知識人気取りの自称「監査の達人」さんたちに筆者が問いかけているのは，「知っているのにやっていないとかやらないのは，確信犯として監査人の責務を放棄して，保身という報酬を得られる職・地位を確保するという金や次の役職につられた半ば"賄賂"を受け取りたい監査人になっているのではないですか」というようなことだったりします。

大岡越前のエピソードだったかとうろ覚えながら思いますが，だるまは倒してもしっかり起き上がってくるものの，そのだるまに小判をぺたっと貼り付けると，小判を貼り付けた方に倒れたまま起き上がってこない状態になるようなくだりがあったように思います。

監査人も，普段は小さな自己保身に都合よくアピールできる突っ込みどころは，毅然と監査の達人だるまよろしく，ビシビシと指摘したり問題提起したりするものの，「経営に資することを装うことで賄賂的小判を貼り付けてもらえる監査人だるま」に成り下がっていかれる方々は，えてして，企業の健全性の根幹にかかわることには，賢人っぽくみえる言い訳を駆使して自分が重要な問題にタッチしないことの正当化を，監査人自ら言い聞かせてしまうような，認知不協和的な不快状況からの脱し方をする方々が少なくないように筆者は思うのです。

米国などでThinking Auditの重要性が叫ばれたりしますが，監査人は自らの思考を積極的に停止させて殻に閉じこもり，この2つの英単語の前に1つの単語が付く形で考える監査を進め，Unreflectingly Thinking Audit（「浅はかな思考をする監査」みたいな筆者の造語ですが……）を志向する監査人が少なくないように思われます。

また，そのような監査人が，画一的に外形的適格性監査や細則主義型で監査

の3点セットを悪用なり駆使していく方々が，ソフト・ロー的ミッション経営として原則主義型の考える監査に向かっていけない中では，監査人がダイバーシティにおける監査やマイノリティー保護をもって企業健全性を高めるに資する監査ができるのか，という危惧というか怒りにも似た問いかけが，筆者の心の底にふつふつとわき出てきたりします。

　本書で筆者が述べるクリエイティブ監査や，監査における創造性としての監査クリエイティビティや，監査イノベーションとして監査の閉塞感や固定観念や既成概念の殻を打破すべき監査人が持つべきスキルや能力や知見は，決して，現状維持のまま魔法の杖のように都合よく保身を図りながら賄賂的小判を貼り付けてもらいたい達人監査人だるまの免罪符ではありません。

　監査における創造性やイノベーションは，どう，「当たり前」のことを当たり前に取り組みたいのに十分できない状況を打破するとか，まっとうなことをまっとうに取り組んで，保身というより，それが監査の仕事だからよくやってくれたと逆に感謝されるような，どう監査として当たり前に取り組むべきことを監査障壁を工夫して乗り越えたり突き破ったりしながら，知っているだけでよいものではなく実際に監査において取り組んでいけるようにするために最大限に発揮されるべきものなのです。

　読者の皆様の中には，そんな抽象論や精神論をいってる筆者は具体的な対応やクリエイティブ監査・監査イノベーションを起こせないのではないか，と思った方は，思い込みやレイベリングで自分を納得させて満足する前に，筆者のこれまでの成果物を立ち読みであろうと購読であろうと，図書館でただで読んでみようと，一度，読んでみて頂ければ，どれだけ具体的に，これまでの監査にとらわれず，欧米の監査ツールや技法・手法を大学教授に多いパターンとして「知識商社の商売人」のように焼き写し的なものに少し毛をはやした程度のものを輸入して学術的に大学や講演会という場で「販売」している翻訳学者たちとの違いが少しでもご理解頂けることでしょう。

　監査心理学や監査コミュニケーション技法や監査マネジメント技法などをはじめ，硬軟両面で4コマ漫画で内部統制を説くパンフレットをJA長野中央会

顧問の際に作成させて頂くなど,「証拠を見せろ」という方がいらっしゃいましても既に世に出ているものが証拠としてそういって猜疑心で疑ってかかる方々とは異なる意味での健全なアリバイがある,という感じです。

　実際,本書冒頭に書いた通りでもありますが,日本版COSOモデルをやわらかく現場に解説したいのですが,戸村先生にはおわかりになりますか？　わかるなら教えてくださいとご質問頂いた,監査の達人の集まりにおける講演でのディスカッションがありました。

　日本版COSOモデルって,もう何年も前からJ-SOXの制度導入の際から基本中の基本として語られ,結局,監査の達人たちの集まりで誰も明確に答えを出せていない状態だったというお粗末な監査の達人たちがいました。

　新たなCOSOモデルが最近になって出てきましたが,日本において現時点で新たなモデルに完全移行するとか既にある日本版COSOモデルが無効になるといったようなことは,筆者としては伺っておりませんので,まずは日本版COSOモデルを,語弊を恐れずやわらかく噛み砕いた解説を精神論ではなく具体的なお話しとしてご紹介してみましょう。

　ただ,このことは,既に,拙著『しっかり取り組む「内部統制」:企業健全化プログラムと実践ノウハウ』(実務教育出版)にてとっくの昔に解説済みですが,改めてここで簡略化した次ページ図を交えご紹介してみましょう。

　まず,内部統制は,経営のベストプラクティスをまとめたものを日本版にアレンジしたものがあり,日本版COSOキューブというモデルがありまして,内部統制の目的にはキューブの4つの縦列になっている通り4つの目的があります(ということを監査の達人を自称する会合で解説すること自体,その方々の羞恥心はないのかを疑いつつ,ただ,知ったかぶりするよりましかなぁとは思ったりします)。

　1つ目の目的は,業務活動の有効性・効率性を高めるという目的で,経営合理化や改善活動も内部統制の一部として見据えられるべきものです。

　2つ目の目的は,財務報告の信頼性を高める・担保するという目的で,J-SOXはおおよそこの目的にのみ深く狭く対応したため,過剰な文書化や有効性テストなどで監査部門も他部門も業務活動の効率性を内部統制を強化するこ

図4：内部統制の整理

参考

金商法ベースのJ-SOX対応では不正を防ぎきれない……

> ⇒J-SOX後も隠ぺい・粉飾を続けたオリンパスはJ-SOX型内部統制の崩壊の象徴？
> ⇒財務・決算だけを守るのが内部統制ではない
> ⇒「内部統制は説明責任を伴った企業の自制心」のようなもの

会社法ベースの内部統制で人を救うリスク管理・危機管理へ・・・
　　　⇒組織における重要な資産：「ヒト・モノ・カネ・情報」
　　　⇒震災が起こるまでないがしろにされがちなリスク管理・危機管理対策を強化する

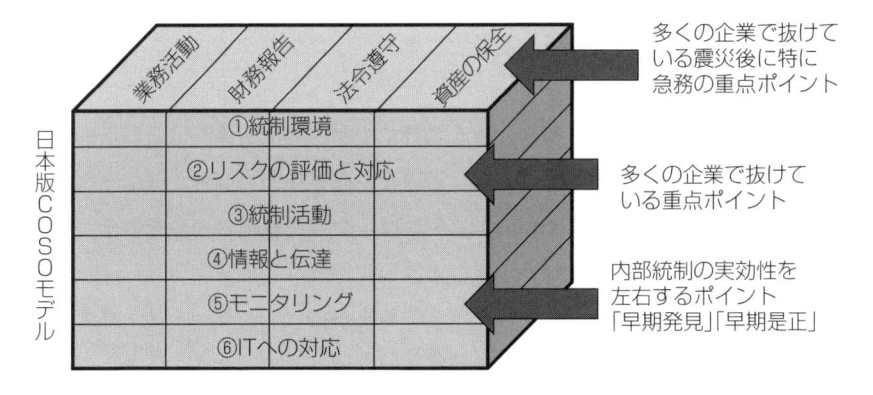

日本版COSOモデル

	業務活動	財務報告	法令遵守	資産の保全
①統制環境				
②リスクの評価と対応				
③統制活動				
④情報と伝達				
⑤モニタリング				
⑥ITへの対応				

→ 多くの企業で抜けている震災後に特に急務の重点ポイント（資産の保全）

→ 多くの企業で抜けている重点ポイント（②リスクの評価と対応）

→ 内部統制の実効性を左右するポイント「早期発見」「早期是正」（⑤モニタリング）

とを大切にしてきたはずのJ-SOX制度導入をもって悪化させてきました。これは、内部統制の自己矛盾・自己分裂状態といってもよいかもしれません。

　そのような批判をする代案として、筆者がこれまたJ-SOXバブルが監査界で華やかだった当初から、新聞で掲載されましたので証拠としてもしっかり残っていますが、4つの目的と6つの構成要素を広くカバーして日本版COSOモデルの全体最適を目指す会社法型内部統制を推進・実践するためのCSA（Control Self-Assessment：統制自己評価という内部統制でとっても重要な対応）の質問書型ツールを既に策定し、実際に、製薬会社や金融機関などで実装済みの文書化3点セットの代案を実践していたのでした。

　筆者が独自開発し、統計学的にも信頼性係数が十分認められたという報告を

筆者が受けた質問書型CSAツールは，具体的には日本版COSOモデルの４つの目的と６つの要素を掛け合わせて，４×６＝24マスにそれぞれ内部統制で重要な質問項目を設定しています。

　さらに，外形的適格性監査の観点と，内質的適格性監査の観点を盛り込み，ちゃんとわかっているかという「認識」を問う設問と，わかっていることを実際に実践できているかを問う「実践」の設問を設定することで，24マスの中にそれぞれ２つの側面をもった設問設定によって，合計すると，計48マスの質問項目設定エリアを設けていたのでした。

　３つ目の目的は，便宜上，法令遵守と書いてありますが，基本的に既に本書でも触れてきましたので詳説を割愛致しますが，コンプライアンスを進めるということです。

　４つ目の目的は，資産の保全という名目ですが，会計関係者は会計上の資産管理としてのみ狭い意味で経営の全体最適化を度外視して偏狭な議論をしていたり解説をしていたりしますが，本質的には，会社や組織の資産を保全して継続的に事業を発展させるというものです。

　つまり，企業や組織の資産といえば，おおまかには，ヒト・モノ・カネ・情報を保全し，事業を継続的に発展させるということです。

　ですから，法令で定められていなくても，もし，今，読者のあなたがこの瞬間に地震に遭遇した際，まず，会社の最も大切な資産であるあなたをはじめとするヒトという資産を守るために，安否確認を行うはずです。

　これも，事業継続といった経営の観点から，当然に内部統制として求められ，BCP（Business Continuity Plan または Programme）としても求められる資産の保全の１つというか派生形です。

　さて，４つの目的は大まかなご説明でしたが，それら４つの目的に関わる６つの構成要素の方が，ご説明されるのに創意工夫が必要で，クリエイティブ監査やこれまでなかったものを生み出す監査対応としての監査イノベーションを発揮する上で，難易度が高く困っていらっしゃる方も少なくないかもしれません。

では，日本版COSOモデルの6つの要素を，戸村式解説で現場の方々にとってわかりやすく，専門用語が上っ面で飛び交うことを避ける上で，具体的に解説してみましょう。

　1つ目の構成要素は，統制環境ですが，専門書の解説は上っ面な感が拭えないようにも筆者は思いますので，極めて端的に本質を突いてみようと思います。

　ここで重要なのは，平たく言えば，「不正を許さぬ風土づくり」です。そこで具体的にやることはたった2つです。1つ目は「善悪の判断基準づくり」で，2つ目は「教育」です。

　1つ目の「善悪の判断基準づくり」は，より具体的には，自社の経営理念や社是を具体的に言えばなんなんだという思考の深堀りをした上で，そこにひもづく形で，規程類や内規などを策定・改訂していくことです。

　ただ，規程類や内規などを作っただけでは，誰もそのことをよく理解できませんので，策定された規定類や内規を現場の方々にわかりやすく何がよくて褒められ，何が悪くて叱られるものなのかという，現場で考える思考軸として，わかりやすく教育することが，統制環境における2つ目の大切なポイントです。

　よくある集合研修だけが教育なのではありませんし，既に本書でも述べましたように，教化や思想統制をするものではありませんが，普段からできるまでわかるまで指導するという上長や同僚や場合によっては部下からの指導や学びも，重要な「教育」の持つべき機能と実践です。

　さて，構成要素の2つ目はリスクの評価と対応です。これは難しく考える方々が多く見受けられますが，簡単には次ページ図のようなA3用紙1枚でできることです。

　図のA3用紙では，用紙を縦にして真ん中のところで用紙を折り，また広げてみると上下2段に分かれます。

　上の半分の方にはリスクマップを描き，下半分にはリスクマップに棚卸ししてみたリスク項目番号とそのリスクの内容を書きつつ，その上で，そのリスクに，受容・回避・低減・転嫁の4パターンのどれで対応するのかを書き出していけばよいだけです。

図5：リスクの評価と対応について

「リスクの評価と対応」を先にやっておけばよかった…
⇒A3で縦1枚の「リスク対策記述書」を作っておけば重点的な
　リスクに重点的に対応しやすかったのに…

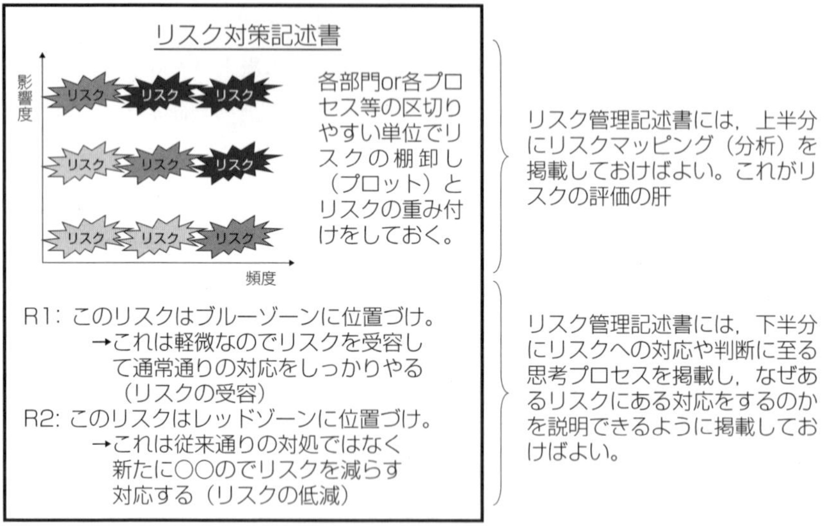

```
           リスク対策記述書
  影響度
    │ リスク リスク リスク      各部門or各プロ
    │                          セス等の区切り     リスク管理記述書には，上半分
    │ リスク リスク リスク      やすい単位でリ     にリスクマッピング（分析）を
    │                          スクの棚卸し       掲載しておけばよい。これがリ
    │ リスク リスク リスク      （プロット）と     スクの評価の肝
    │                          リスクの重み付
    └──────── 頻度            けをしておく。

  R1：このリスクはブルーゾーンに位置づけ。
     →これは軽微なのでリスクを受容し             リスク管理記述書には，下半分
      て通常通りの対応をしっかりやる             にリスクへの対応や判断に至る
      （リスクの受容）                           思考プロセスを掲載し，なぜあ
  R2：このリスクはレッドゾーンに位置づけ。       るリスクにある対応をするのか
     →これは従来通りの対処ではなく               を説明できるように掲載してお
      新たに○○でリスクを減らす                 けばよい。
      対応する（リスクの低減）
```

　このステップをすっ飛ばしてJ-SOXの文書化などを進めた企業の場合，リスクの絞り込みが十分でなく，非効率的な内部統制をJ-SOX推進によって強化してしまうという，内部統制の自己分裂・自己矛盾が起こっていたことでしょう。

　そして，一通り書き出して頂ければわかることなのですが，まず，あのA3用紙の上半分で，赤・青・黄色でリスクの重要度（リスクの影響度とリスクの発生頻度から見出されるもの）が重みづけや優先順位づけとして，リスクの「評価」が自然と行えているわけです。

　その後，下半分の記載をして頂ければ，自然と，リスクの重みづけごとにそれぞれのリスクにどう「対応」するかが明確になっていることでしょう。

　では，これを踏まえて，一言でリスクの評価と対応の本質を突けば，「重点的なリスクに重点的に対応する」ということが，日本版COSOモデルの上から

2つ目の構成要素として求められていることだとわかります。

例えば、リスク過敏症になる方々では、「80円切手（本書をお手にとって頂いたころには、値上がり済みかもしれませんね）1枚盗まれるのも問題だ」という、至極ごもっともな回答をされる方がいらっしゃるでしょう。

確かに、切手1枚盗まれることも、コンプライアンス上の問題ではありますが、郵便局などはちょっと別として、一般企業のオフィスでその切手1枚が盗まれることで企業経営が揺らいで経営が立ち行かなくなるわけでもない中で、「切手が1枚盗まれないために、社印や現金を保管しているよりも厳重な2,000万円の金庫を買い、警備保障会社の24時間警備と監視カメラ10台を、切手を置いてある手提げ金庫周辺に張り巡らせるので、金庫購入代の2,000万円＋年間警備費用で2,000万円、しめて初期費用4,000万円のご決裁をお願いします」といわれて決裁印をポンポン押してくれる企業や組織は、かなり違和感がありそうな気もします。

逆に監査人として、株式市場や社会で大問題になるリスクや課題に対して、手抜かり状態の対応をとっているなら、「リスク過敏症＋個別最適による全体不最適症候群」を発症している監査人となっているとでもいえそうです。

それでは、日本版COSOモデルの上から3つ目の構成要素である統制活動は、端的に言えばなんなのかといえば、「ハンコひとつも統制活動」という言い方を筆者はしてみたりしています。

書類に承認印というハンコを押すことは、単に、そこに赤い印影が付きましたという物理現象ではなく、心理的にもリスク管理的にも、その申請や書類に記載された内容などが、自社の業務として妥当であるとして承認印を押し、逆に、妥当でないものであれば、承認印を押さずに詳細を承認者が確認しに行ったり、突き返してみたりして、不正の予防機能や物事を吟味し妥当で健全な対応をする活動になっています。

他の例としては、入金記録と出金記録の突合によって照合するという統制行為もありますし、人事的施策としていろんな部署や分野や拠点での仕事を経験させて人材育成につなげるジョブ・ローテーションも、不正対策機能がその裏

側にコインの裏と表のように存在しています。

　まず，ジョブ・ローテーションによって，ひとところに長く留まって癒着を生まない・馴れ合いを避けるという機能もありますし，また，人事上の異動においては，「後任の担当者が着任する際に前任者が何をどう処理してきたかの引き継ぎ」というチェック機能が働きます。

　当然，というか，当たり前にやるべきこととして，新たに着任された方々は，前任者が何をどう処理して今の状態に至っていて，何を引き継ぎ継続し，何を改めるべきかを考えたり検証・確認したりする機会が生じます。

　それらによって，ある地銀や信金などの金融機関では，支店長が別の支店に異動となった際に，不正が発覚したり，異動を命じられて別の支店に行くことになった支店長自らが罪を自白するようなケースもあったりしました。

　その他，詳細は，既に述べました通り，既刊の拙著をご参照くださいませ。

　さて，日本版COSOモデルの上から4つ目の構成要素は，情報と伝達です。

　これも平たく言えば，「リスク管理のホウ・レン・ソウ」として，リスク管理（危機管理も同様ですが）において，問題や課題や実際に起こった不正などがあれば，すぐに報告・連絡・相談することが内部統制として重要ですよ，と言っているに過ぎないと申し上げても，本質的には過言ではないように筆者は思います。

　その情報と伝達や，リスク管理のホウ・レン・ソウの中に，公益通報者保護制度（内部通報・内部告発）という自浄作用の要が含まれるということなのです。

　さらに，日本版COSOモデルの上から5つ目の構成要素は，モニタリングです。

　これは誤解されやすいのですが，モニターするだけでいいや，と思っていると，問題や不正や不適切対応があるような際に，問題はモニターして把握しているけど，何も実際に是正しようとしなかったりされなかったりすると，知っているのに問題を対処していないという，役員における善管注意義務違反や，各役職員における不作為による作為として問題になりそうですし，企業姿勢として隠ぺい体質・不祥事体質だ，というように社会的に糾弾されても仕方あり

ませんよね。

　ということで，ここで5つ目の構成要素のポイントを本質的に一言でまとめると，中学校1年生くらいまでに習うたった8文字の原則として，「早期発見・早期是正」が重要なんですよ，という内部統制上のポイントが見えてくるのです。

　そして，元々のCOSOモデルでは，構成要素は5つだけだったこともあり，ここまででまとめた場合，COSOモデルは構成要素を上の段から順番にやっていくと，自然とPDCAサイクルが出来上がる，ということなのです。

　つまり，P：Plan（計画）として，統制環境（規程類・内規の整備・改訂など）とリスクの評価と対応があり，D：Do（実践）として，統制活動と情報と伝達があり，それらがちゃんとできているかをチェック（C）し，問題があれば早期に是正する（A）というモニタリングがある，ということだけなのです。そして，是正や問題対処から見出された課題を解消する上で，またPに戻って，規程類や内規などを改訂したり教育に工夫を凝らしたりして，内部統制のキューブの中でぐるぐるとPDCAサイクルを回しましょうね，というモデルに過ぎません。

　あと，日本版COSOモデルで追加された（資産の保全も日本版で追加でしたが），ITへの対応は，2つの側面があります。

　1つ目の側面は，IT自体が健全であること，そして，2つ目の側面は，その健全なITを活用してより内部統制を強化しましょう（収益戦略面では，BI（ビジネス・インテリジェンス）やリスク管理型ビッグデータの活用も内部統制的にあり得ることです）ということです。

　確かに，IT自体が健全でなければ，1,000万円の利益をデータ入力したのに，集計画面ではなぜか一桁少ない100万円しか利益がデータ上で集計されなかったら，税務申告上も問題ですし，もしかすると，その差額分を自動的にある悪意ある役職員の誰かの銀行口座に不正に入金される仕組みがあると，内部統制上の健全性がそこなわれてしまいます。

　また，うちは上場企業ですが，決算も日々の仕事も手作業だけで，電子メー

ルもエクセルも何もITは使いません，というそろばんしか使わない企業であれば別ですしITありきのお話しではありませんが，IT活用が不可欠な昨今の企業環境では，手作業の集計より，健全なITがある上では，IT上でデータ処理した方が，1行間違えたり1行飛ばして手作業による集計したりするミスなども減りやすく，より内部統制が強化された状態といえそうです。

　というように，具体的にどう噛み砕いて現場の方々にわかりやすくお伝えするか，あるいは，監査指摘や監査における指導で「力を込めて伝える」だけで自己満足せず，「その込めた力が相手に伝わって現場が変わる」ように，クリエイティブ監査を志向するための監査イノベーションが，本来の経営に資する監査や監査の実効性向上に不可欠なのです。

　筆者はこういったことを欧米の専門家から教えられて焼き直したわけではありません。では，どうやってクリエイティブ監査や監査イノベーションを生じさせていっているのかといえば，おおまかには，3つのポイントがあります。各ポイントを以下にまとめてみました。

① ゼロから自分で試行錯誤しながら考え抜く
② 現場主義＆現場と共に考える＆経営視点をあわせもつ
③ 知識を知恵に変換していく「知恵づくり職人」となる

　まず，①のゼロから自分で試行錯誤しながら考え抜くということは，受験勉強が得意だった方々には苦手かもしれませんが，社会・会社などにおける問題は，穴埋め式問題として誰かから与えられるものというより，自分で何が問題かを見出して問題意識を持ちつつ課題設定し，自分でそれをどう解けばよいかを考え抜くということが，クリエイティブ監査で重要です。

　とかく，監査人として配属された方々は，つい，監査人が備えるべきチェックリスト雛形などの模範解答や絶対的な正しさと有効性を備えた解答が既にあるはずだ，という固定観念を持ったり持たされたりしがちです。

　そんなものは，本来はありません。企業ごとに企業文化も違えば，法人を構

成する役職員個々の思考・志向・文化背景なども様々です。

　それなのに，監査人が悩まなくて便利だからと，画一的に用意された無機質な監査ツール頼みになっては，そもそも，監査人として思考を十分深めるトレーニングすら行われず，監査人としての成長も監査人個人の成長もありません。

　そこにあるのは，「俺は，私は，これだけすごいツールを持ってるんだぜ」とか，「俺は，私は，こんな知識を持ってこんな専門用語を知ってるんだぜ」とか，「俺は，私は，こんな会計処理のマニアックなことを知ってるぜ」というくだらない，自称，「監査の達人武勇伝」が延々と続く程度に過ぎません。

　ごちゃごちゃ言わず，現場に飛び込んで，そこで感じる違和感を大切にして，その違和感を思考の深堀りのスタートポイントとして，自ら，ゼロから考え抜けるかどうかが，監査イノベーションをポンっと生じさせることができるようになるかの分水嶺です。

　あと，経営学や監査論などという学問を学んでみるといいのかなぁと思う方々にお話しすることでもありますが，大学の教授は意外とというかはびこっているというか，実務に詳しくない方々があちこちにいらっしゃいます。また，経営学であれば，経営学説が先にあるというより，実際の現場・企業・市場で起こっていることやうまくいっている企業を分析してみると，こんな法則っぽいものが見つかったよ，というのが，経営学などでのお話だったりしますので，筆者は，そういった学術界の後追い体質を嫌いつつ，現場主義でどの学者や専門家よりもいち早く新たな監査イノベーションの芽を見出し，育て，普及啓発していければと思っていたりします。

　続いて，②の現場主義＆現場と共に考えるについては，上記にてございますように，現場そのものに大切な課題や問題があると共に，現場そのものに実は大切な答えを導くヒントがいっぱい隠れていて，あなたが探し出して参考にしてくれるのを今か今かと心待ちにしているということなのです。

　監査人の方で「私，監査人なのに悩んでいるんです」と真顔で筆者のもとにご相談にお越しになる方々が少なくありません。

おそらく，そういった方々は，監査人とは肩肘張って，裃をつけて，現場には何でも知っているし応えられる完璧な存在として君臨しなければならないのではないかという，監査人の強迫観念のようなものお持ちになる方々がいらっしゃいます。

　監査部門でも，先輩に教えてもらいたいものの，多忙で時間を取ってもらえなかったり，ろくに教育・指導できない先輩監査人が少なくなかったりするようで，孤独に放置されて途方に暮れる方々も，大手上場企業の監査部門ですら見受けられました。

　そのような状況からも，また，現場を巻き込み参画意識を高める監査を通じて，監査する側も監査される側も幸せになるために，筆者は，監査人は堂々と具体的に現場と共に悩み，現場と共に対策を考えればいいじゃないですか，というようなことをよく申し上げます。

　それは，拙著『監査コミュニケーション技法"疑う流儀"』（税務経理協会）でも示させて頂いた，クリエイティブ監査と，これまでに明確にはなかったコーチング型監査（ＣＢＡ：Coating Based Auditing）としてまとめさせて頂きましたが，監査が上から目線でも下から卑屈な姿勢でもなく，対立的に険悪に向き合う姿勢よりも，現場と同じ目線で現場の方々と肩肘張らず肩を並べたり肩を組んだりして，同じ問題解決の方向を向いて，現場の方々の背中をそっと押して差し上げるというスタイルを通じても，お示しさせて頂いたことが，堂々と悩むことと，悩んでいることを相手に伝えて共に考えるということです。

　筆者自身も，本書執筆中でも，おそらくは本書が印刷されて書店などに流通した時点であっても，依然として悩み続けていますし，唯一絶対の監査人として便利な答えなんてどこにもないし，あるように見えたらおそらくそれはまやかしの部分が結構あるんじゃないかなぁ，と思ったりしています。

　逆に，筆者から見れば，悩み考えることをやめたりあきらめたりしてしまい，殻にこもって自己開示できないものの，知識だけは豊富だったりする監査人の方が，監査人失格だと思っています。

　監査人は常に問題意識を持って悩み続け，悩みの質を変えて具体的に悩んで

いくことで，これまでになかった新たな監査の展開や対応が，ふとした時に思いついたりするという，神や仏や何かひらめきらしきものなどが我々にふと与える，監査イノベーションを呼び込むコツなのかもしれないと，筆者は思っています。

そして，③の知識を知恵に変換していく「知恵づくり職人」については，この言葉は筆者の造語で登録商標でもあるのですが，知っていることをいかに実践していけるかという，知識どまりではなく知識を具体的に実践するための知恵に変えていける指導者になれればなぁという思いをもっていた際にひらめいたキーワードでした。

経営環境が激変する分，リスク管理対象事項や監査対象事項が増えたり減ったり，これまでの思考形態や成功体験では乗り切れない，監査人にもう1段ギアを上げて監査人自身が成長したり今までの殻を破る必要に迫られる場面も増えてきました。

内部統制という言葉が当たり前のように用いられるような昨今では，内部統制の基礎というか本質的理解ができていないままに専門用語を並べ立てても，現場の方は「だから，結局，具体的に内部統制ってなんなのよ，どうすればいいわけ？」という疑問や不信感を生じさせる状況に監査人が陥りかねません。

これもとっくの昔から筆者が言い換えていた，監査コミュニケーション上のリスクを低減させ，現場の方々にわかりやすく説明し指導させて頂けるように考えてみたことですが，

内部統制＝健全に儲け続けるための仕組み
内部統制＝みんなでつくったルールをみんなで守り合う仕組み

といったクリエイティブ監査をする上での工夫というか，ワーディングの監査イノベーションに取り組んでみたりしておりました。

これは，何も単にわかりやすくしただけではなく，現場で起こる問題として，「この前までうちの部署にいたお前に監査されたくねえよ」と言われる監査人

への対立姿勢や対応を呼び込んでいるのは，実は，監査人として往査する際に，元々いた部署で働いていた時には用いないような，現場の方々にも難解な言葉を振り回して監査しているしっぺ返しなのかもしれないと筆者は思ったからです。

　確かに，現場にいた時には飾らぬ本音の，あるいは，ソフトな言葉で気軽にコミュニケーションをとれていたのに，監査人になったら，急に口から発せられる言葉が別人のように，現場からすれば，監査部門に魂を売ったのかとさえ言われかねないほど激変したワーディングになっている方々もいらっしゃいます。

　監査の実効性を高める上では，現場との「協働」や共同参画が重要ですし，出身部署に往査するわけでもない場合は，なおさら，現場の方々の方がケースによっては監査人よりリスク感覚が鋭敏だったり，監査で指摘すべきことを現場の方々の方がより深く熟知していたりすることもあるでしょう。

　そんな場合に，現場と監査人の間に監査コミュニケーション上の壁を作っては，監査人自らが発する言葉や非言語メッセージなどで，監査人自らが監査障壁をより高く築き上げてしまっていることに他ならないかもしれません。

　ということで，監査イノベーションは何も特別なものではなく，監査人が日々行うコミュニケーションのワーディングの中にも，監査イノベーションとして発揮すべき監査知識を，監査の実効性を高める知恵に変換する創意工夫のポイントが散在しているように筆者は思います。

　また，監査人の方の中には，こんなことを言われてうなだれてしまう腰が引けてしまう方もいらっしゃいました。

「現場には現場の仕切りがあるんだよ！」

　こういったときに，筆者は，この現場こそ内部統制がうまく自律的にまわせるチャンスある監査対象部署だ，と思うのです。
　ここで，言い返されてげんなりしてしまいがちな方々に，心理系のお話しで

出てくる「リフレーミング」ということを監査の世界に持ち込んでみるという，クリエイティブ監査をしてみましょう。(「監査リフレーミング」(©戸村))

リフレーミングとは，認知形態のフレームを再構築するという，平たく言えば，認識を変えてみようね，ということや，マイナスに見える物事の中にあるプラスの部分を見つけてそこを伸ばしてみようよ，というようなことです。

さて，クリエイティブ監査でこの強硬・頑固な現場に向き合う際，あなたならどういった認識の転換をどう行いますか？

筆者としては，現場なりの内部統制において，大部分はOKでも，問題ある部分だけ変えれば，現場なりに自立的・自律的に内部統制を回してもらえるし，監査側として要求したいことや現場で監査視点を内在化してもらって自省や自制して頂けるようになるってことだよな，と，認識を転換してみたりします。

それは，監査マインドを現場に浸透させる上で重要な観点でもあります。

骨のある一筋縄でいかなさそうな被監査者が，実は，最も有意義な味方になってくれる要素があるのです。

現場には現場なりの仕切りという名の内部統制が回っているということなので，では，プラス思考と代案を備えた部分否定で接して，問題ある部分だけ修正してもらい，よい状態にした上で，現場で現場なりの健全になった「仕切り」を思う存分に発揮してもらえれば，監査人がとやかくあれこれ指導・助言しなくても，自然と健全に内部統制が機能して定着してくれるということの裏返しなんだ，という監査リフレーミングが，監査人の心を守る術になるのです。

監査人が現場の方々に，なぜ現場では小さなことやどうでもよいように思えることが全体として問題なのかを，詳しくわかりやすくお話しすることなく厳しく旧来型の監査調書・監査指摘で指摘するほど，現場が監査部門頼りになって，「よくわからんが，何かあったらまた監査部門が言ってくるだろうからとりあえず言われるまでそのままでいい」と監査人だけでなく現場も思考停止に陥ってしまいかねません。

そういった意味では，まだ，現場には現場の仕切りがあるんだ！と言われて，しょげてしまう監査人さんの方が，ゴリゴリと旧来型の監査を監査イノベー

ションなく押し通して現場や企業全体を悪化させる，会社をよくしようと思って監査をすればするほど会社全体が悪くなるという「監査の逆機能」を最大限に発揮するよりは，はるかにましかもしれません。

また，ツイッターやフェイスブックなどをはじめとするソーシャルメディアの台頭と浸透に伴い，「ソーシャルメディア・コンプライアンス」（©戸村）が重要性を帯びてきました。監査人は新たな経営環境に適応できる柔軟性が特に求められるようになってきたように筆者は思います。

ソーシャルメディア・コンプライアンスでは，禁止事項列挙型コンプライアンスから導き型コンプライアンスへ，「やってはいけない」ではなく「やったらどうなるか」や「わかっちゃいるけどつい違反しがちな心理を本音で示す」ことや，「それでは，コンプライアンスを通じて，みんなで決めたことをみんなで守り合う中で，守る側・守られる側・社会全体において，どうすればお互いに幸せになっていけて，具体的に何に気を付けてこうしていこうよ」ということなどをガイドラインやマニュアルなどに示し，建前や「いわれなくても違反だとわかっているけどついつい犯す問題だから」と本音を抜きにした骨抜きのものにしないことが大切です。

特に，なんでもポンポンとインターネット上で投稿・拡散される状況下では，禁止事項列挙型や上から目線のコンプライアンス対応では，相手に不快感ややらされ感を抱かせ，そういったことが相手の不満を招き，その結果，自社の悪口や故意の情報漏えいを招きかねないという，指導を強化することもその仕方に創意工夫がなければ，指導そのものがリスク要因になるという逆機能に留意が必要です。

過去にご質問頂いたソーシャルメディア・コンプライアンスにおいて，新入社員さんからのご質問が参考になるかもしれませんので，固有名詞や加工すべきところを伏せたり加工したりして，以下にＱ＆Ａ例・指導例を示してみました。

＜質問内容＞

戸村先生のご講演の中でツイッターやフェイスブックの書き込みについての

お話しをお聞きしましたが，ごく身近にあるものの十分には指導を受けていないツイッターやフェイスブック等に関するコンプライアンスに関し，ソーシャルメディアを利用・書き込みをする際に注意を払わなければならない内容の具体例を幾つか教えて頂けないでしょうか？

＜回答内容＞

○○さん，ご聴講頂きありがとうございました。また，有意義なご質問も頂き誠にありがとうございます。「教えられていないから知りません」とか「指導されていないからわかりません」ではなく，今回のご質問のように，まず，自ら問題意識を持って相談したり，言われる前に自分から聞きに行ったりすることがCSRやコンプライアンスで大切な，自制心と懐疑心を持った対話の姿勢として求められていることです。

さて，ご質問の件でございますが，以降に掲出してみたような例をご参考までにご参照頂ければ幸いでございます。

例1：
　先輩に同行してもらって取引先へ訪問。先輩から「お前，やってみろ」と重要な情報に関する接客を任されてお客様にご説明したところ，大変わかりやすいと好評を得た。先輩からも「いいぞ，その感じで頑張れ」と言われ，つい嬉しくて「○○社に訪問して初めて任された△△についての重要な接客成功なう」とツイート（ウェブ上に投稿）してしまったら……
★機密情報の漏えいだけでなくライバル企業にも極秘事項が漏れて営業上の損害があれば，守秘義務違反や，不正競争防止法違反（「営業秘密の保護」）や損害賠償など，あなたが犯罪者になったり懲戒解雇されるかも……

例2：
　職場の先輩（例：女性の上司）が気に食わず，そんな上司からいろいろと指導された際についカッとなって，「上司の○○って超ウゼ〜。女のくせに偉そう。アイツ絶対結婚できなさそ〜。」などと投稿。

★セクシャルハラスメントとして問題になる記述をしてしまったら，直接，相手に口頭で言わなかったとしても罪になるかも＆証拠もウェブ上に残るので大変かも。また，そう書かれた人は，ウェブという不特定多数が閲覧し得る場で名誉を傷つけられたものとして，名誉棄損罪や侮辱罪などに発展するかも……

例3：
　詳しく投稿しなければ大丈夫，と思い，お客様先で自社製品とお客様の社名が入った封筒がうっかり映り込んだ写真をGPS機能付きで撮影＆投稿してしまったら……

★まったく異なる業界の赤の他人なら問題にならないかもしれないようなことも，同じ業界のライバル企業がその写真を見れば，GPS機能からこの投稿をした人の企業がどの場所でどんな商品を納入しているかがわかる（GPS機能から場所がわかり，そこにある取引先が容易にバレてしまう）かもしれません。

＜留意点＞
　安易なツイートや新入社員として新たに直面する課題のつらさ・悩みから不満やストレスのはけ口として不用意に投稿することは，自社やお取引先の方々に害を及ぼすだけでなく，あなたの信用やこれからの明るい未来をたった一言で棒に振る身近にあるワナになり得ます。基本的に業務関連のことはツイートなどせず，どうしても問題を見て見ぬフリができないような状況に直面した際は，自分の勝手な判断でツイートしたりせず，内部通報制度を利用して，正しさを実現するにも不当とされる方法ではなく，正しいステップを踏んで対応するようにしていきましょう。また，社内報や社内のイントラネット上の掲示板などで，何か注意点についての記事や回覧物があるような場合は，忙しくてもちゃんと読み，自分が問題ある行為をしていないか，問題ないと思い込んで確認などが漏れていないかなどについて，改めて自制心と懐疑心をもって見つめ直してみましょう。

上記のような場合は，ガイドライン策定でもありませんし，往査でもじっくり直接お会いして，その人となりを十分わかった上で指導できるわけでもありません。

　無難なところでまとめた感もなくはないのですが，相手の身になって考えてみることや，監査を通じて相手への思いやりや愛情が少しでも伝わればなぁ，なんて，筆者は思った次第です。

　その他，実際に筆者が企業でコンプライアンスマニュアルを策定や監修する際に，本音としての思いを記載しつつ，その本音で違反しがちなことにどう工夫したら違反しないままに場の空気も壊さず，却ってよりよい方向に向かえるかを示したりします。

　例えば，飲酒運転は違法であるとのマニュアル記載があるような場合，その改訂や監修において，本音として「言われなくても運転免許を持っている以上，十分わかっているよ」という中で，実物そのものをお示しできない中で加工したものとして図6のようなマニュアルにしてみたりしております。

　旧来型のよく見かけるコンプライアンスマニュアルでは，建前のみがずらずら掲載されているようなものを筆者はよく見かけます。

　しかし，よほどの業法上の細かく注意深い検討が必要なものでなければ，世にあるコンプライアンスマニュアルやハンドブック類でよく掲載されていることは，やっぱり，「言われなくてもそんなのわかってるよ」という思いを抱かされがちなものになっていたりします。

　そこで，クリエイティブ監査として，相手の身になって考えてみて，相手の本音にタッチする作りに変えてみようという，監査活動上の創意工夫を筆者がしてみた次第です。

　その他にも，いろんな監査の局面でいろんな創意工夫が求められ，その創意工夫が不正の正当化やグレーゾーンを巧みに突く不適切な「工夫」であってはならない中で，監査は終わりなきイノベーションの冒険なのかもしれないと，筆者は思ったりします。

図6：本音で相手の心にタッチするマニュアル例

あなたを救いたい！
その一杯が命とり
〜飲酒運転編〜

Q 仲間と打ち上げに行った際に，場の雰囲気を壊すのもなんだなぁと悪気はなかったものの，酒を飲むつもりもなかったものの，親しい仲間から勧められコップ１杯だけ日本酒を飲み，帰りは早めに切りあげてそのまま飲酒運転で帰った。

A コップ１杯だけだから許される飲酒運転なんてありません！飲酒運転は，事故であなたの命も，はねた被害者も，ご遺族もみなさんが不幸になりかねない，法律違反うんぬん以前に避けてほしいことです。

コンプライアンスの天使と悪魔
不正や問題行為の正当化や「本音」ととるべき対応・工夫のせめぎあい…
心の中の悪魔の声に負けないで！

まあ，これくらいいいじゃないか

宴席の空気を読んで場がしらけてもいけないしなぁ…

みんな飲んで運転して帰るんだし大丈夫

そうだ，場がしらけないようにノン・アルコール・ビールで乾杯だ！

飲まされる側より酒をつぐ側に回って雰囲気を盛り上げよう！

飲むなら「人生の保険」「会社員としての保険」として運転代行を頼もう！

解　説
　法律的には…………………………………………………………………………
ということがあり，就業規則においても懲戒処分の対象になっています。あなたという大切な会社の仲間を失いたくありませんし，そうなってほしくない思いは役職員みんなの思いです。周りにいる親しい仲間であればあるほど，あなたも飲酒運転しようとしている方をみかけたら，思いやりある歯止めをかけてあげて下さいね。

監査というまだまだ未開拓の世界が多い大海原を航海する仲間として，本書をお読み頂きました読者の皆様には，厚く御礼申し上げますと共に，心を込めて，その航海がまっとうに順風満帆に進み，嵐のときも判断を誤らず，さっそうと堂々と帆を広げ共に進んでいけますよう祈っております。

Bon Voyage！
みなさん，良い旅を！

9 これからの人材教育のあるべき姿

　人事部が企業統治を崩壊させる！～激変する経営環境に健全に適応する企業経営ための人材育成の課題と３つの留意点～

　筆者が全国各地の上場大手企業から中堅中小企業や医療福祉機関をはじめ，様々な企業や組織の各専門部門からご要望を頂き経営指導にお伺いしています。
　また，役員研修や管理職や新入社員に至るまで各階層での指導を，人事部門からも人材育成の指導を依頼されての階層別／テーマ別に担当させて頂くことも多くあります。
　その中で，各専門部門からの依頼ではありえないような，人事部門にみられる人材育成の問題点を肌で感じることも少なくありません。
　筆者は，常々，企業の健全性や経営の環境適応力（アダプタビリティ）や生き残っていく企業として存在していけること（サバイバビリティ）などをはじめ，それらを包含する企業統治は，機関設計や法制度のお話しということよりも，むしろ，内部昇格者の多いといわれる日本企業や日本の組織においては特に，企業としての教育問題や人材育成の問題だと考えています。
　それらは，人材育成・人材教育を経て成長していった者が担っていることであるのだということが，日本においては特に当てはまることかもしれません。
　企業統治が人の問題・人の心の問題であり，刷り込みや押しつけによる教化（インドクトリネーション）によって，統率をとる内部統制のことを画一化してよからぬ企業風土を築いてしまって，いくらよい機関設計や法制度を用いても企業の不健全な体質で形骸化させてしまいかねない思想統制を行ってしまう問

題などについて，不正を許さぬ風土づくりという統制環境整備における教育の重要性に関して，拙著『企業統治の退廃と甦生』(中央経済社)や『監査心理学"感じる監査"』(税務経理協会)にて，筆者が経営陣・監査部門・人事部や企業統治の崩壊に加担するかのような学者・弁護士・会計士などを含む各ステークホルダーにおける課題と対応について詳しくまとめています。

ここでは，同書からさらに踏み込んだ部分について，人材育成に関する企業統治の退廃を招くような各企業の問題点を2つの筆者の実体験と3つのワナについて指摘させて頂きますと共に，今，そして，これからあるべき人材育成について，3つのポイントを筆者の私見としてまとめてみたいと思います。

より多角的な観点でのお話しは，拙著『企業統治の退廃と甦生』(中央経済社)や，拙稿の寄稿『会社法務A2Z』(第一法規，2013年8月号)などをご参考までにご参照頂けるようでしたら幸いでございます。

筆者が直面した「残念な人事部」からの指導依頼の実態

予め申し上げておくべきことは，すべての企業のすべての人事部門が問題ある状況に陥っていると，筆者が述べているわけではないということです。

中には，人事領域だけからではなく，コンプライアンスの観点からみても，他の専門分野の観点からみても，理にかなった素晴らしい他社・他の組織などのお手本となるような人材育成・人材開発を手掛けている人事部門を備えた企業も少なくありません。

ただ，筆者が直面してきた以下のような企業・人事部門は，読者の皆様からご覧になって，果たして，どれだけ人事部門だけの都合として「よい」のではなく，企業経営や社会通念や法の理念などからみてよいあるいは妥当と言えるのか，まずはご一読の上でご一考賜りたいと思います。

9 これからの人材教育のあるべき姿

ケース①Ａ社：コンプライアンス研修の依頼過程自体が違法性の高い依頼をしてきた企業

　ある製造大手企業のＡ社から，筆者にコンプライアンス研修をお願いしたいとのご要望を頂いたことがありました。
　自社のコンプライアンス体制を強化し不祥事やリコールなどの問題に，適切に対応できるようにしたいとのことでした。
　そこで，ご依頼に沿い，筆者は出講料につき合意の上で指導のための日程を確保して，他社からの同日程と重なるご依頼において，より厚遇の条件の依頼をお断りしながら，先約としてご依頼頂きましたＡ社の指導に備えていました。
　さて，いざ指導という頃になって，Ａ社の人事部から「出講料は半額にさせて頂きます」「提示金額に従えないなら，講師は他にいくらでも手配できる」と一方的な通知がやってきました。
　企業規模や業界内の状況からすると，下請法違反にあたる可能性が極めて高そうでした（筆者は弁護士ではありませんので，あえて，法的判断の断定的な表現を避けて，違法性が高そうだという旨の言い回しにとどめておこうと思います）。
　筆者としては，中小零細企業や母子福祉センターなど公共的・公益的な医療福祉機関など，ご事情によっては相場からして破格というか一桁違うくらいの，交通費をかけると赤字になるようなご依頼も，事情や熱意あるご要望や社会貢献的観点に応じて，大切な企業・組織・社会のお役に立つならとお引き受けすることが少なくありません。
　しかし，Ａ社は上場大手の大きな利益を十分にあげている企業でしたし，当期利益だけでなく全般的な財務状況も申し分ない状況で，コンプライアンスの指導を依頼する過程自体に違法性が高いように筆者は思わされました。
　また，合意した出講料を半額にするというアプローチにおいて，どうしてもやむにやまれぬ問題から仕方なくご相談されてこられたというのではなく，一方的に従えという決められ方では，他社のより厚遇の案件を断ってきた身とし

ては，簡単に容認できるものではありませんでした。

　確かに，言いなりでもなんでも，Ａ社と親しくすれば，その後の取引もやりやすいでしょうし，弁護士・税理士・社労士・中小企業診断士などの士業を営む方々ですら，指導実績としてＡ社の仕事を受けているというだけで大々的にアピールできる点でも，多くの方々からすれば，無理やりに何をされても泣き寝入りしてでも，のどから手が出るほど受けたい案件がＡ社事案だったかもしれません。

　しかし，筆者としては，法に違う依頼であり，しかも，その指導内容がコンプライアンス指導でもあり，また，筆者の信条として，（権力者や大手企業やお世話になった人などの）「誰に」従うかではなく，（法や礼節や道理といった）「何に」従うかに沿って対応・実践することとしていますし，その通りに指導もさせて頂いています。

　筆者がＡ社に問題点をお伝えして依頼上の問題について教育機能は担いつつ，それでも強硬な姿勢の人事部の方だったため，丁重にお断りすると共に，筆者がＡ社を当方との取引停止企業に指定させて頂き，当方から厳正に対処させて頂くこととしました。

　確かに，裁判などに打って出る方法もあるといえばありました。しかし，裁判の通常の準備だけでも相当の日程が浪費されて，目先の損得で訴訟を起こしてムダと貴重な時間や精力の浪費を進める方が愚策だと筆者は思ったのです。

　損失回復という点であれば，当方がＡ社を出入り禁止・取引停止先企業にさせて頂き，現状以上の損失の可能性や不健全なお付き合いをきっちりと拒否し，別の本当に企業健全化に向かおうとされて熱い思いでご依頼頂ける方々のもとにお伺いさせて頂く日程をより多くとる方が，不毛な紛争で得るものも意義もほとんどないことに時間・お金・精力を浪費するよりずっとましだという結論に筆者は至りました。

　その過程で，Ａ社は反面教師ではありながら，筆者に大きな学びを与えてくれました。与信管理は財務や大手の上場企業といった「法人」の形式・書面よりも，仕事に携わる「人」そのもの，そして，その「人」を育てようとする人

材育成・人材開発を担う人事部をみるべきだと筆者は肌身で学ぶことができたことは，唯一，筆者がA社に感謝する自分で見出すことができた学びでした。

ケース②B法人：公益通報制度の指導で公益通報をさせないよう指導してほしいとの依頼

　ある独立行政法人のB法人の人事部から，公益通報制度とコンプライアンスについての指導依頼を頂いたこともありました。

　そのご依頼において，筆者が不穏な言い回しや対応などで気になっていたことは，事前のメールなどで「通報については特にご留意頂きたいので，研修前に口頭でお打ち合わせさせて頂きたい」との連絡があったことでした。

　記録に残る形で事前に研修実施の調整点についてやりとりしていけないほど，大きな不祥事があるのか，それとも，何か特殊な事情があるのかなぁと思いつつ，筆者は，研修当日にB法人にて事前打ち合わせと称されたB法人の人事部からの「指示」を受けることとなりました。

　公益通報者保護法と公益通報のあり方について，筆者は，同法の周知徹底と共に通報という名の下に行われる違法な情報漏えい・誹謗中傷など，正義を貫き組織の健全性・自浄作用を高めるための公益通報制度の副作用・諸問題も，よい面と課題点の両面併せて指導しています。

　しかし，B法人の人事部から事前打ち合わせの場で筆者に通告されたことは，人事部が通報先窓口となっており，ただでさえ多忙で通報なんかにかかわりたくないので，極力，公益通報はさせないよう役職員を徹底して通報なんかしないように，外部の講師からも念を押して押さえつけてほしいとのことでした。

　筆者としては，それは到底受け入れられないご依頼であることと，その通告通りに研修を行うことは公益通報者保護法の趣旨からもできない旨をお伝えし，どうしても公益通報者保護法に違う指導をお望みなら，本日は筆者が辞退し他の講師を手配してください，とのことを，若輩者ながら生意気ととらえられかねない毅然とした返答をしておきました。

しぶしぶ，Ｂ法人の人事部が当日に筆者のやり方で研修をすることを了承し，研修中は人事部の方が後方で鬼の形相で腕組みをして，筆者の公益通報に関するお話しを監視するような状況もありました。

　要するに，Ｂ法人の人事部としては，仕事が忙しいからという理由で，組織の自浄作用の要でもあり，問題の早期発見や組織の健全性を高める重要な柱となる内部通報制度を形骸化させ，通報の敷居を高くし，不正や問題の予兆や実態が潜んでいても見て見ぬふりを決め込んで自分たちは楽をしたいという，不作為による作為を確信犯で行いそれを外部講師がお墨付きを与えて自己正当化させたいというような意識にどっぷり浸かってっていたようでした。

筆者が気になる問題点

　拙著『企業統治の退廃と甦生』（中央経済社）などでも繰り返し指摘してきたことですが，各部門の不正・不祥事・問題行為は，社内の部門の問題として葬り去れるものではなく，それが経営陣の使用者責任や「不作為による作為」や善管注意義務などの問題として，株主や報道陣や証券アナリストの評価にまで影響する，日常業務の不正が企業統治上の役員の統治責任を問うレベルに「越境不正」を起こすものなのです。

　内部の不正は社会での問題となり得ますし，経営陣のコーポレート・ガバナンス上の問題でもあるのです。

　金融庁の不正リスク対応基準は，主に，監査法人を主眼に据えたものであるとしても，一般企業や各団体・組織において，同基準でも重要視される「不正の予兆」の宝庫でもある内部通報をないがしろにして，「社会の常識」よりも不健全な「自社の常識」を押し通して平気でい続ける状況に直面し，筆者は，企業統治は人事部が崩壊させるものとして感じた次第です。

　ちなみに，人事部に肩入れするというか依頼者への忠誠を誓う弁護士の中には，内部通報は扱いが面倒なので，極力，通報する際に心理的な敷居を高くするようにしましょう（こうすれば通報の敷居を高くできますよ！），という内容を

公開セミナーで披露し，人事部からのみ称賛されるようなことをしている弁護士さんもいらっしゃいました。

筆者が思うことには，弁護士はあくまでも依頼者のために最善を尽くすという弁護士の規程に沿って活動する存在であり，必ずしも，コンプライアンス（コンプライアンス＝法令遵守＋社会的規範の積極的尊重）や法を司る者ではないようだということです。

弁護士などの士業を営む者は，テストで良い点を取るだけの高い知能指数を備えているのかもしれませんが，共感能力というかEQ（Emotional Intelligence Quotient）が低いか，社会的にみて「あの人は賢いのに"バカ"な人ね」といわれるような，「知能指数の高いバカ」に陥っていないかと，筆者は危惧しています。

知能指数の高いバカ型の弁護士さんは，コンプライアンスの担い手というより，当然のこととして語られる依頼者にとって最善を尽くすという名目で，「法を司る」というより，「法を都合よく操る」という傾向があるように，筆者には思えてならないのです。

法曹界であっても会計界であっても，その他の各種専門家の世界であっても，また，それらよりもいっそう，一般企業においては，そうならない人材育成・社内教育が必要であると筆者は思っているのです。

なお，内部通報やいろんな問題について勇気を持って提言・進言する者は，わが社は風通しがよい組織ですよとうたうような企業の人事部門からも，とかく社内の「トラブルメーカー（trouble maker）」として冷遇されることも少なくないのが実態かもしれません。

しかし，筆者としては，この勇気ある方々は，法令上や倫理的な問題がなく健全なる提言・進言（あるいは通報や告発）である限り，「トラブルを起こす人」ではなく問題提起する人であると，受け手の意識・認識を改めるべきだと思っています。

そこで，筆者としては，「トラブルメーカー」というレイベリング（決めつけやレッテルを貼ること）をやめて，問題提起（problem presentation）する人とし

ての「プロブレム・プレゼンター（problem presenter）」という呼称を用いるべきだと思っているわけです。

考課者研修や人材育成において，こういった存在を大切にする指導を抜きにして，企業のダイバーシティ教育や倫理教育や人権教育は意味をなさないと筆者は思っています。

そういったプロブレム・プレゼンターなき製造業（メーカー）が世に送り出している製品などが，偽装をはじめリコール隠しなどによるトラブル商品だったりして，つまり，「トラブルなメーカー」だったりすることは，企業統治の崩壊が招いている皮肉な現状かもしれません。

人材育成において企業が陥る３つのワナ

他にもいろんな問題ある企業の残念な人材育成のご要望や実態がある中で，筆者が見た，問題ある企業・人事部などが傾向として陥りやすい人材育成における３つのワナについて以下にまとめておこうと思います。

もちろん，すべての企業が必ず陥るわけではないことでしょうし，中には，どのワナにもはまらず健全に行われている人材育成・人材開発の場を提供している企業もあってしかるべきだと思いますし，そうあってほしいとの思いもあります。

ただ，どの企業においても，今一度，自社の健全な企業統治を支える人材育成において見つめ直して頂きたいポイントとして，少なくとも以下の３点について見つめ直して頂ければ筆者としては幸いです。

第１のワナ：人事権を握る者の批判なき独りよがりな人材育成

まず，筆者が人事部門の要請で外部からの講師として研修などで各企業にお伺いした際に，研修実施に至るまでや研修実施中を含め研修後に至るまで，いろんなやり取りの中で違和感を抱くことがあるのです。

この「違和感」を大切にする監査対応については，拙著『監査心理学"感じる監査"』でまとめてみた通りですので，よろしければご一読頂ければ幸いです。日々，あるいは，ある局面で感じる違和感を大切にしないと，その人自身が「鈍感」になってしまい不正やリスクに対する感度が下がりがちなことが問題なのです。

　さて，その筆者が違和感を抱いたこととは，監査部門や法務部門に配属する人を決める人事権を持つ人事部の特権階級意識であったり，そんな批判されにくくチェック・アンド・バランスが効きにくい「裸の王様部門」が，テーマ数と回数をこなして自己満足している状態であったり，人事権を握るワンマンな社長が「オレに学べ」と開催する社長の独りよがり独演会ならぬ「オレさま勉強会」を開いている状態であったりします。

　筆者は不健全な研修担当者に対して，必ずしも「良い子ちゃん講師」に成り下がれず，往々にしてその研修担当者や経営者の研修時外の日常的な指導も明に暗に行ってみたりします。

　人事部主催の研修では，他の講師の方々によく見られる様子や傾向として，「良い子ちゃん講師」として人事部に気に入られながら講義している様子を見ていると，おおよそ，このようなことが見て取れました。

　人事部が研修会場の後方に陣取って講師を監視しつつ，そこでの講師は，専門的内容であり社会的にも経営的にも必要な突っ込んだ内容は話さず，人事部が気に入る内容を受けのよい，人事部が理解可能な範囲で話しをしていて，目の前の各部門から参加している受講者に対してというよりも，人事部の方々にアピールするかのような内容の講義に終始するということがあったりするということです。

　受講者も人事部の行う研修であり，あまり批判的なことや問題提起や人事部の機嫌を損ねるような内容を研修アンケートには書かない傾向にあるようで，人事部からの研修依頼は人事部がよいと思ったら，受講者が内心は不満足でも継続して同じ講師に依頼が寄せられるような傾向があるようです。

　一方，筆者がついつい「やらかしてしまう」研修は，人事部に向けてという

より，本来の研修の目的対象者である受講者にとって満足し腑に落ちる内容を，専門的観点や社会的な要請に応じて突っ込んでやわらかく，受講者の方々の鈍った感性を覚醒というか活性化するという研修です。

この場合，アンケートはおかげさまでおおよそどの受講者も非常によく，たまたま聴講に訪れた受講者の部門担当役員も素晴らしいと述べて，筆者を役員用の社有車で筆者のオフィスまでお送りせよとの配慮を頂いても，人事部が人事労務上の批判が起こらないか，自らに矛先が向かわないかと嫌がって，研修依頼の契約を筆者とは別のいいなりになる講師に変えるということもあったりしたようです（後日，その企業内部の方から筆者に内情をお伝えくださったのでした）。

第2のワナ：自分の器に収まりきらない内容の研修を阻害してしまう傾向

自社にとってよい講師は，経営者や人事部を含め，自社にとって耳に痛いことでも指摘してくれて，研修回数を消化する上で都合のよい講師ではなく，研修を通じ組織文化や各自の意識を変革していく際の刺激やトリガーを与える講師だと筆者は思っています。

しかし，各テーマの専門性や妥当性より，人事部・研修担当者の理解範囲内の研修を求める傾向がある企業が少なくありません。

そして，専門的にも社会の要請に応えていく企業になる上でも役立つ講師を遠ざけ，自社の経営者と人事部を妄信的に称賛してくれながら，各部門の従業員にのみ灸をすえてくれる講師を多用するような愚行を犯す企業が少なくないようです。

それは何も不思議なことではありません。仮に，読者であるあなたが誰かの上司だったとしましょう。

あなたの部下が自分の器に収まりきらないほどの優れた業績を示し，これからもあなたを超えて伸びて行く潜在性を持つ者であった場合，あなたがその部下を自分の座を脅かす脅威ととらえることも，心理的には何ら不思議ではありませんし，実際に，脅威を感じる部下を遠ざける方々も少なくないでしょう。

マネジメント系の研修などを担当する際に，筆者が管理職の方々に指導することのひとつは，いかに，自分より有能な部下を，健全な社会への貢献を果たしながら自社のために活躍する上司へと育てるかということです。

　自分の器の中で「井の中の蛙」を大きく育てるよりも，井の中から部下を引き上げ，大海に自ら羽ばたいていけるよう部下を導き見守りつつそっとサポートしていくことが，人材育成として重要だと筆者は思っています。

　ただ，残念ながら，人事部や研修担当者の中には，専門性が高くやさしくときほぐした他ではないほど濃く深い内容の研修を提供しても，彼ら彼女らの未熟な判断力からか，表面的に見て低い評価でそのような講師を遠ざける方々もいらっしゃいます。

　筆者が経験したこととしては，ある建設関連の上場企業でリスク管理についての2日間泊まり込み研修・演習を担当した際に，そのようなことが起こっていたのでした。

　その企業では，世界各国に派遣されている方々も，リスク管理研修において日本に召集し，人材教育を行っていたのでした。

　筆者がオリジナルの教材を難しいことをわかりやすく深く作成して担当した研修において，受講者から，いつも派遣先の国からつまらぬ研修で呼び戻されることに辟易してきたが，このような研修ならいつでも戻ってきたい，と全体の感想発表の際に述べてくださっていました。そして，その言葉のすべてをその会社の人事部門の方が聞いていらっしゃいました。

　また，この研修に，建設技術に精通したセンター長や教育係の部門長といった方々も聴講したいとの申し出があり，資料も講座の内容も今までにないものですべて参考にしたいというお話しが筆者に寄せられていました。

　しかし，驚いたのは，その次年度，改めて研修の依頼における契約の場で，その研修を担当した人事担当者が述べたことでした。

　内容は非常によく関係各部門からこれまでにない高い評価で再度の依頼を要望されていますが，昨年の1日目の夜に行われた懇親会で，研修の内容について話し合っている受講者が少なかったので，本年度は出講料を大幅に値引くこ

とにしました，とのことが筆者に伝えられたのでした。

　どれだけよい研修を提供しても，それに応じたインセンティブがなく，むしろ，いちゃもんをつけて値引くと言い張る（この価格でなければあなたは不要ですと突き放す）ようであれば，まともな講師は寄り付かないことでしょう。

　また，その唯一の論拠である懇親会で筆者の指導内容の話題が出なかったということは，もともと，筆者は懇親会に出る契約ではなく，懇親会によろしければご参加くださいと言われて夜遅くまで「出講」「拘束時間」状態であったのに加え，その懇親会で，前述のいつも派遣先の国からつまらぬ研修で呼び戻されることに辟易してきたが，このような研修ならいつでも戻ってきたい，というご感想が改めて出ていたのでした。

　つまり，まったく論拠として成立しないものを，難癖をつけて上から目線で，あなたが悪いから値引くという強引な取引では，健全に末永くその企業とお付き合いしたくてもしようがありません。

　もし，筆者に対してその企業の人事部さんが，実は，今年度はコスト削減で研修費が本当にこの額しか確保できていなくて，状況が厳しいので今年度は何とか協力してもらえませんか，というような正直に正確な金額で正式なご相談なら，筆者は損得抜きに快く承っていたことでしょう。

　筆者としては，納得いくものではありませんでしたので，その企業内でリスク管理を指導するベテランの指導担当の方々がこぞって筆者の研修資料を欲しいとご相談が相次ぎました中で，お渡ししておいた資料類の知的財産権等の侵害は一切認めず，すべて利用・閲覧・回覧などを含めて活用不可の旨をお伝えして，その企業とお別れせざるを得なくなりました。

　かくして，次年度より，価格面でも人事部のいいなりになってくれる講師が，その企業に派遣され，受講者はまたつまらない内容の研修に駆り出されるのかとうんざりしていたそうです。

第3のワナ：人事部の好む金型にはめて人材を大量生産する傾向

　人材を人事部の思い通りの金型にはめて大量生産するような企業が少なくありません。

　また，そのような企業でよく見受けられる傾向としては，人材育成の場を社会化（ソーシャリゼーション）ではなく，教育のつもりで教化（インドクトリネーション：洗脳的な刷り込み）が行われていることは問題です。

　金型にはめようとして，その金型からはみ出る者を異端児やトラブルメーカー扱いして人事権によりもっともらしい言い分で左遷したり閑職につけたりしつつ，いざ，今まで通りには経営が立ち行かない経営環境の激変期において，「なぜわが社には画期的な突き抜けた多様で枠にとらわれない革新的な人材がいないのか」と自嘲する自己矛盾した人事担当者がいたりします。

　出版界を見ても，かつては異端扱いであった電子書籍や電子出版が，いまやメインストリームに躍り出るような昨今，異端は次のメインストリームの源になることに，各企業はもう気づいていなければ経営のパラダイムシフトに適応できずに市場からの撤退かM＆Aをお願い行脚に出るかの選択に苛まれることになることでしょう。

　また，人材育成の一環として人員配置を見直す際，ワンマン経営者や人事部の言う「適材適所」が企業統治の退廃の源であったりします。

　「適材適所」といえば，それだけで素晴らしいことという意味解釈を行う方もいるでしょうが，必ずしもそれが正しく行われているわけではありません。

　オリンパスのような企業統治不全で大問題を起こした企業内の「適材適所」とは，「（不正を隠し共謀してくれる意味での）適材を，（経営者の不正を助けやすい部署という意味での）適所に配置する」ことで，不健全な「絆」を強めていった（共謀していった）ということです。

　そして，人事権を握る者が，内部統制ではなく半ば思想統制のようなことに勤しんできたことによって，社内の統制環境は崩壊し，不正が露見し，かくし

て「立派な不祥事体質企業」に必要な人材が厚遇され育成され続けてきたと言われても仕方ないような状態に至ったのです。

この「絆」もそれ単体では必ずしも良い意味を成すとは限らず、「不健全なる絆」は共謀そのものです。

今、社会で求められているのは、「絆と手綱」であり、行き過ぎた状況を制御して健全化に向かえる状況を人材育成の場で整えることなのです。

また、よく「自分の殻を破れ」「固定観念を打破しよう」といった研修をしている講師や企業や依頼元企業では、殻を破ったり固定観念を打破して「覚醒」させようと躍起になっていたりします。

しかし、自社にとって都合のよい部分においてのみ覚醒してほしいものの、役職員のみなが大切なことであっても自社や上長にとって都合の悪い自社の法的・倫理的問題ある部分が炎上しかねないのではないかと憶測を巡らせ、結局のところ、研修の受講生が「覚醒したように感じる」程度の「ぬるま湯の中で熱闘せよ」という程度の「なんちゃって覚醒」に終始し、胆力も多様な観点や適応力や次世代を切り開けるほどの力のある人材が育たないばかりか、そういった人材に都合のよい覚醒感で無意識のうちに見えない限界を刷り込ませていたりするのは、筆者から見て企業の大きな損失であると思えてならない「自らを覚醒させると称した研修の空虚な一面」かもしれません。

これから本当に必要な人材育成の３つのポイント

さて、これから役員としてであれ各部門の従業員としてであれ、健全なる企業統治を支える人材育成を行うために必要だと筆者が思う3つの留意点についてまとめてみました。

ちなみに、読者の皆様が「これが答えだ」としてある種の固定観念から、一見して正しそうに見える絶対解のような金型にはめたものを提示すると、紙面におけるインパクトはあるでしょうし、筆者があたかも素晴らしい物事の提唱者のようにみられるかもしれません。

しかし，筆者が自分自身に言い聞かせていることは，人材育成や研修や制度設計に唯一の答えや模範解答のようなものはないということなのです。

そのため，ここではあえて「留意点」という述べ方に留めておこうと思います。

そして，筆者として常々取り組んでいることは，研修や教育や人事制度設計のご依頼を受けるたびに，なるべくその企業のありのままの姿を現地に視察や往査にお伺いし，職場の方々や役員室にいる方々が，普段，どんな心理でどんな関係性でどんな志向性を持って働き合っているのかを皮膚感覚で把握し，準備段階でその企業のひとりひとりの顔を思い浮かべつつ，その企業にどんな指導や対応をさせて頂ければ，最も良い状態になるかを見つめていくことなのです。

こういったことを踏まえ，以下の３つの留意点をご高覧頂ければ幸いです。

ポイント①：「自制心」＋「懐疑心」の基礎力の習熟

いわゆる倫理研修であれコンプライアンス研修であれ，ダイバーシティやワークライフバランスや人権や海外拠点でのマネジメント力向上の研修であれ，筆者が明に暗にお伝えしていることは，この「自制心」＋「懐疑心」をどうバランスよく発揮するか・身に着けるかということです。

「自制心」については，共謀に加担しないよう踏むべきブレーキとしての自制心もあれば，見て見ぬふりをしたいと良からぬブレーキを踏みたくなる自らを制して通報すべきことは通報するという，恐れを制して勇気を振り絞ってアクセルを踏むという自制心もあるのです。

また，「懐疑心」については，「私は正しい，あなたが間違っている」というか，「人を見たら泥棒と思え」というような，「悪者さがし」に終始するような猜疑心が人材育成において重要なのではありません（監査人の育成でも同じ）。

自他共にその存在や妥当性をいろんな角度から検証して妥当な対応を見出す，という物事の疑い方をする懐疑心を養うことの方が重要なのです。

ケーススタディで様々な状況で妥当性を見出すという形で行われる人材育成は，様々な角度から物事を見つめ直し妥当な対応を見出す上で役立つ育成手法であり得ます。

　また，海外留学による人材育成は，様々な文化や風習やその国ごとの常識的観点から，日本の常識的とされる物事の見方を見つめ直し国際的に妥当な対応を見出す上で役立つ育成手法でもあります。

　筆者が思うことは，日本企業が失ったのは「ものづくり」ではなく「ひとづくり」と「職人気質」ではないかということです。

　自らの人生を技と匠で体現する職人の気質が高く保たれていれば，不良品や偽装品を正規品として不誠実に顧客に納品するようなことはないのではないかと筆者は思うのですが，読者の皆様はどうお感じになるでしょうか。

ポイント②：「和して同ぜず」＋「信賞必罰」の気風づくり

　人事部やワンマン経営者などの「空気を読んで身を処する」だけの「同じて和せず」の社員づくりでは，健全な企業統治は心もとない状態です。

　筆者は，「コンプライアンス教育は組織文化づくりそのもの」であり，不正を許さぬ風土づくりが統制環境であると考えています。

　また，人材を枠にはめるような実態があっては，枠からはみ出してでもオリジナリティやクリエイティビティを保持して社内で生きていくという，独自性や個性も埋没し，次世代を切り開く多様性ある人材を育成し抱えていけるだけの企業の懐の深さは生まれません。

　空気を読んで付和雷同してしまうのではなく，「和して同ぜず」という，協調性を持ちつつ「空気を読まない」「空気に流されない」ながらもプロとしての務めを果たす人材育成が，特に，これからの人材育成に求められているポイントであると筆者は考えています。

　チームワークや統率がとれているということと，多様性やマイノリティや異なる意見を，「チームワーク」や「協調性」や「社会化」の名のもとに教化し

同質化させて，みんな仲良しという付和雷同や上っ面の相互信頼アピールの行動スタイルをとることを，空気としても具体的な言動としても日本社会や日本の職場などでは求められがちですよね．内部統制は「同質化圧力」を高めるものではなく，多様性を認め，相手と自分が違う意見を出しても違いがあって当たり前のこととして，相手の尊重と共に，曲げてはいけないことは曲げない対応が必要なのです．

ワークライフバランスを推進してきた企業が，とにかく時短し残業をなくせ，という人材育成を無理やり強行した結果，プロとして同僚に引き継ぐべき作業を放置してとにかく自分だけ帰宅するというアマチュア人材化してしまうという，「人材育成の逆機能」が生じている企業もあります．

また，不正防止策や再発防止策や監査指導などでは，とかく厳罰化や「必罰」に偏った人材育成・指導が行われがちなことは筆者が問題視していることです．

医療で例えれば，即効性のある抗生物質を安易に投与し続け，気づいた時には耐性菌が出て抗生物質が効かないより深刻な状況になるように，厳罰化がより巧妙な不正を誘発するという，不正対策の逆機能が働きかねないのです．人材育成においても，物事のバランスを考慮しておくべきでしょう．

また，先に触れた統制環境においては，何がよくて褒められて何が悪くて叱られるのかについて，明確な判断基準を各現場や役員などが理解し思考軸とできるよう，必罰に偏るだけではなく，よい行為を行った者を褒める，というごく単純な言行の一貫が，「善行への吸引力」というか押しつけ型や禁止事項列挙型のコンプライアンスではなく，導き型のコンプライアンス対応として，監査や人事処遇やインセンティブにおいてなされる必要があると筆者は強く感じています．

ポイント③：「腑に落ちる」＋「隣接分野への踏み込み」の組み合わせ

相手に物事を「伝える」ことと，それが十分に「伝わる」こととは別物です

（そう書きながら，筆者は本書で伝えることって難しいなぁと自省してみたりするのですが……）。

難しいことを難しく教えるのではなく，基本的に当たり前のことを当たり前にこなせるよう，また，その当たり前が妥当かどうかを常に見つめ直せる力をつけることが人材育成において重要課題であると筆者は考えています。

また，あるテーマ単体の研修としてぶつ切りにいろいろ取り合わせる研修ではなく，横糸思考であるテーマについて学ぶ際に隣接・関連テーマと連携づけて踏み込んで複合的に学ぶことも，様々なスキルや見解が問われる実務・実践で問われる人材育成の成果であると筆者は考えています。

例えば，マナー研修があり，その研修中はきっちりと教えられた通りのビジネスマナーに沿った言動を行う社員の方々が，その翌日のプレゼンテーション研修の際，前日のビジネスマナー研修の内容に沿った対応ができていなくてもお咎めなしで，プレゼンテーション技能だけを習得しようとするのは，実際の商談の場面を思い浮かべれば，実践力にかける人材育成となってしまいかねません。

それぞれの研修テーマ・内容を，横糸思考で様々な場面で組み合わせて応用し適用できるよう，ぶつ切りの研修ラインナップ化を避けるべきであると筆者は思っているのです。

以上につき，筆者の私見・実体験から，人材育成についてのポイントをまとめてみました。

最後に，本稿の読者の中に弁護士の方がいれば，受講者の生の声を聴いて頂きたいと筆者は思ったりしています。

「偉い弁護士先生の示す判例と条文のオンパレードの研修は，もう，うんざりだ。弁護士先生よ，あなたの話す日本語を私たちの話しているわかりやすく腑に落ちる日本語に翻訳してくれないか」という声を，筆者はこの場を借りて，異を唱える役を演じて（playing devil's advocate）お届けしておく次第です。

ここでまとめてみましたことが，読者の皆様におかれまして，何か少しでもお役に立っているようなら筆者としては幸甚です。

10 監査探訪

　本章では，監査関連の第一線でご活躍の各位を取材させて頂き，筆者の主観と所感に基づき各位の私見によりご活動に関するお話しをご紹介させて頂くものでございます。

　実名で応じてくださった方もいらっしゃれば，匿名希望で応じてくださった方もいらっしゃいますし，実名の方のご所属や部署・役職名などは，取材または執筆当時（2012年12月～2014年1月ごろにわたり取材・執筆）のものとなっていたりします。

　必ずしも拝聴致しましたことすべてを記載しきれていなかったり，匿名で非公開ならとお話しを拝聴できました方々や，取材ではなく非公開の意見交換ならOKですと快くお話しの場を設けてくださったり，若輩者の戸村の至らなさから，十分に素晴らしさを伝えきれていなかったりするかもしれず，恐縮ながらも，取材ノートと肌身で感じたことをまとめてみた次第です。

　なお，監査探訪としてご紹介させて頂く方々やご所属の企業等について，筆者がそれらの過去・現在・未来における健全性を担保するものであったり，また，隠れたる問題がないことを保障したりするものではありませんので，悪しからずご了承くださいませ。

　また，取材においては，あくまでも取材に応じて頂いた方々・企業等のご厚意と，筆者による表現の自由等によるものであり，筆者が特段の利益を得て本書にてご紹介するといったものでもございませんし，取材に応じてくださらなかった方々や企業等を悪くいうものでもございません。

　もちろん，本書が出版される頃には，また新たな状況に変わっていることも

ありましょうが，取材当時の様子や戸村の主観と所感をまとめてみようと思います。

本章は，筆者が拙著『監査コミュニケーション技法"疑う流儀"』（税務経理協会）を基にした監査コミュニケーション関連セミナー等で，受講生の皆様方に対して監査における創意工夫のご提案や一例としてご紹介して参りました．監査部門が自社内の閉じた世界にこもらず，肩肘張らずに許される範囲内で積極的に企業の枠を超えて，差し障りない範囲で意見交換や交流を進める方策として，自社における社内報ならぬ「監査部だより」などの発行を行いつつ，その中で自社内の他部門への取材・連携に加え，他社の監査部門に「監査探訪」として取材などを行ってはどうでしょうかと述べて参りましたことを，指導させて頂く立場の筆者自らが実践してみたものでございます。

この場をお借りしまして，本書における監査探訪に貴重なお時間と機会を賜りましてご協力頂きました各位・各企業等に対し，心より厚く御礼申し上げますと共に，各位・各企業等の益々の健全なるご活躍・ご発展をお祈り申し上げます。

【監査探訪①】
株式会社電通国際情報サービス
監査室長　CIA／CISA／PMP
倉持保彦さんへの戸村のひょっこり監査探訪

　東京の品川駅からぶら〜りと歩いて訪れた先は，株式会社電通国際情報サービスさんのオフィスでございます。さてさて，どんな企業さんかと戸村が予習してみたところでは，同社のウェブサイトによると……

　1975年，ISIDは単独の広告会社として世界一の売上高を誇る電通と，米国屈指の優良企業General Electric Company（GE）との合弁で設立され，日本民間初のTSS（タイムシェアリング・サービス：コンピュータの共同利用）を始

めました。パソコンもインターネットも無い時代に，GEの巨大なコンピュータセンターを国際ネットワーク経由で利用するという，革新的なサービスを日本の企業に提供することが狙いでした。
（出典：http://www.isid.co.jp/isid/history.html）

という，なんと奇遇にも筆者の生まれた年に創立された企業さんでした。
　とかく内部監査部門では大まかな傾向としてIT関連に疎い方々が少なくない（筆者も偉そうなことをいえるような者ではありませんが……）中で，この企業さんは，ITに詳しい監査人さんがいらっしゃるかなぁとか，何か革新的な取組みについて拝聴できるかなぁと期待しつつ，受付を済ませてロビーで倉持さんをお待ちしておりました。
　ロビーから見える掲示板には，企業としてのメッセージが流れる中で，その時の掲示には自社が何を大切にしていこうとしているか，役職員一同が何をどう目指そうとしているかや，役職員向けメッセージも掲出されていて，役職員もお客様や様々なご来訪者さんも大切にしていこうとされるご様子が見受けられました。
　さて，若輩者の戸村にも礼儀正しく温かくお迎え頂き，さっそく，いろいろとお伺いしてみました。
　監査におけるお悩みとしては，多くの企業に見受けられる，監査人の人数が少ないことや，若手の監査人が配属されてきて監査部門内の年齢構成が気にかかるということがあるようでした。
　監査人を育成するといっても，これも少なからぬ企業の監査部門でも他の部門でも同じようなことがあてはまりそうですが，テクニックやルールは教えることができるものの，一本立ちして一人前の監査人になるためには，やはり，各個人としての努力が欠かせないとのこと。
　ただ，監査人を放任してしまう大手企業の監査部門もある中で，こちらはしっかりと学ぶ機会や場を監査人に与えることを忘れないという点は，とても大切なことだと思ったりしました。

社内外のセミナーだけでなく，情報交換の場やIT系企業さんらしく，ITを利用する監査ツール（CAAT：コンピュータ利用監査技法）で効率的に限られた時間でも監査人ができる限り活動しやすいように監査環境を整えられていらっしゃるご様子は，さすがだなぁと思ったのでした。
　ただ，戸村の思いでもあるのですが，CAATはトレーニングの負担感がなるべく少なく，より安く直感的に使いやすい身近なソフトを用いていければよりよいように思ったりする点は，同感とのことでした。
　また，監査に限らず，日本企業の悪いクセではありませんが，PDCAサイクルを回しきらないで，マニュアルづくりや計画づくりをして実践しても，その進捗や進め方に問題や改善点がないか十分に吟味し工夫を凝らしていらっしゃる監査部門が多くないこともあります。
　そこで，監査でPDCAサイクルやそういわずとも改善や創意工夫をなさっていらっしゃいますかとお尋ねしましたところ，ITのプロジェクト・マネジメントに親しまれているからなのか，戸村から見て当たり前に重要なことを当たり前にしっかりと取り組んでいらっしゃるようでした。
　週に1回くらいの頻度で監査プロセスを見直しをかけたり，監査で何を取り組むかを監査人みんなで意識共有し参画意識を高め，気になる点は意見やアイデアを出し合ってディスカッションもしっかり行っていらっしゃったりするとのことでした。
　戸村流の言い方として，監査人が個人プレーでバラバラに動くのではなく，医療における総合診療やカンファレンス（医者が集まり様々な観点から治療法を吟味・検討し意見を出し合いよりよい医療を提供する場）を設けていらっしゃったりして，とても好感の持てる監査上の工夫を凝らしていらっしゃるように見受けられました。
　また，実効性を高めるシステマチックな工夫として，監査におけるプロジェクト・マネジメント的な対応を進められるご様子に，大ざっぱな監査対応で失望させられることが多い日本の監査界の中にも，希望の光を見出せそうな思いもしたりしました。

特段に難しいことというより，監査において，仮説を立て，実践し，検証してみてよりよい監査を進めるための改善を行うという，シンプルにして大切なお取組みをごく当然のこととして進められているご様子でした。
　昨今は特に重要度が増してきている，監査役と内部監査部門の定期的な意見交流もしっかりと取り組まれているようでした。
　戸村がいろんな企業さんにお伺いして気になるというか，指導させて頂く中で，社是・経営理念という，内部統制上の全社的統制や，コーポレート・ガバナンス上の社内外へのコミットメントや公約となる自社の「憲法」のようなものを大切にする取組みについても，監査部門としても末端まで浸透しているかや，どの程度まで社是・経営理念を大切にできているかをチェックする視点をもって監査に臨まれていらっしゃる点に，とても素晴らしい姿勢だと思ったりしたのでした。
　戸村流でいえば，監査人（監査役も内部監査人も外部の監査人もですが）は，「ソフト・ロー的ミッション経営」の要である，と申したりしておりますが，それを地道に取り組まれているご様子に強く共鳴してみたりしました。
　コツコツと試行錯誤を重ねつつ，問題点をしっかりと見出そうとされているようでした。
　そんな倉持さんの座右の銘を尋ねてみましたら，「鳥の眼・虫の眼」とのこと。マクロ的なアプローチとミクロ的なアプローチをバランスよく行い，監査人がチーム・組織として継続的に監査の総合力を発揮できるようになさっていらっしゃるようです。
　また，基本に忠実に，なぜその監査報告書の記載に至ったのかという思考過程の見える化に取り組まれたり，通報窓口と連携して監査に取り組まれたり，一般的にとかく鬱々としがちな監査部門こそが，メンタルヘルスにも気を遣いながら相談しやすい雰囲気づくりを心掛けて，監査人としての明るさも大切になさっていらっしゃるようでした。
　状況が許せば戸村としてはCAATのツールの具体名やもっと細かいお話しをここで掲載できればと思ったりもしましたが，固有名詞などを載せて宣伝や

記事広告のような感じになるのもどうかと思ったりもしております。

　お話しを伺っていてあっという間に貴重な取材時間が過ぎてしまったのですが，戸村が見た倉持さんの素晴らしさとして，監査人として創意工夫・監査クリエイティビティや監査イノベーションを生み出すよい意味で，「飽きるという才能」を健全に備えていらっしゃるご様子であったことがあげられそうです。

　限られたリソースの中であっても，常によりよい監査を目指そう，同じことを同じように行って安住せずに，健全に「飽きる」ことを通じて，新たな取組みを懸命に模索し取り組んでいらっしゃる姿勢に，戸村としては大変感銘を受けた次第です。

　そこで，ふと，取材前の戸村の訪問先企業様に関する予習内容を思い出したのでした。

　　ISIDの企業理念
　　ISIDは誠実を旨とし革新的で創造性あふれる専門家集団として，情報技術の先進的活用により顧客企業と社会の発展に寄与する。
　　（出典：http://www.isid.co.jp/isid/philosophy/）

　監査部門は業務執行とは独立的であっても，監査は経営活動の一環であり，社是・経営理念を大切に実践すべき状況下で，革新的で創造性あふれる監査を目指そうとなさっていらっしゃったお姿に，とかく細則主義や前例踏襲主義から抜け出せない日本の監査界において，監査の革新や創造性へ向けた期待感を抱かせて頂けたひとときを過ごせたことに，戸村はとても感謝したのでした。

【監査探訪②】
株式会社ローソン
監査指導ステーション　ディレクター
宮下正博さんへの戸村のひょっこり監査探訪

　さて，IT企業の監査部門におじゃました後に，今日も監査でぶらぶらと各地を行脚する戸村ですが，駅の近くにも家の近くにも，いろんなところでふと目にするコンビニは，戸村が仕事の合間や出張先やプライベートでも安らぎの場所となっています。
　今回の監査探訪は，そんな，日本社会のインフラになりつつあり，また，東日本大震災の際も，積極的な社会貢献で我々にとってありがたい誰もが知っている存在として，本業を通じた社会貢献が高く評価されるローソンさんにお伺い致しました。
　戸村はいろんなポイントカードやマイレージなどを貯めるのが大好きですが，持っているポイントカードのひとつに，ローソンさんや提携各社で使えるかわいいタヌキさんがキャラクターのPontaカードもあったりします。
　そんな身近なコンビニ企業「マチのほっとステーション」ことローソンさんは，どんな監査をしていらっしゃるのでしょうか。また，どんなお悩みや問題意識や監査姿勢をお持ちなのでしょうか。では，さっそく，お伺いしてみましょう。
　取材前の戸村の予習は，改めて，ローソンさんのコンビニにお買いものや公共料金の支払いに店頭という，監査を行う現場にかる〜いノリで「往査」みたいに行ってみたり，ウェブサイトで同社のお取組みなどを拝見してみたりしました。読者のみなさんが既にご存じのとおり，雑誌や日用品や食料品・お弁当などの販売をはじめ，店内に郵便ポストやwi-fiスポットなどがある店舗や，各種コンサートなどのチケット販売など，現金収受も多く多種多様な業態がぎゅっと凝縮されたような存在がコンビニエンスストアですよね。

監査する側としては，戸村が統括的にご支援させて頂いていた大手総合商社と同じくらい監査が大変なんじゃないかと，戸村はコンビニ店頭でふと思ったりしました。

ローソンさんの目指されているものとしては，

「ローソンはコンビニエンスストア業界のイノベーションリーダーを目指します」

「ローソンは常に，新しい挑戦を続け，全国の店舗1店1店が地域のお客様に愛され支持される「マチのほっとステーション」になるよう努力してまいります。」

「私たちは"みんなと暮らすマチ"を幸せにします」

（出典：http://www.lawson.co.jp/company/corporate/）

など，監査イノベーションやクリエイティブ監査に沿う監査に取り組まれているのでは，と戸村は予感していたりしました。

さて，実際に同社の監査指導ステーションのディレクターでいらした宮下さんにお目にかかりますと，お人柄から優しさと監査人としての芯の強さが温かくにじみ出るような方で，とても好感をもってお話しを拝聴できました。

また，前述の某監査部長であった方のように，戸村を見るなり，倫理を語る割に傍若無人・礼節を欠く無礼にも横暴なご対応をされた方とはうってかわって，若輩者で至らぬ戸村にも笑顔で礼節を尽くして快くお迎え入れ頂けたありがたいご対応に，その時点で既に心が「ほっと」する，社是・経営理念にたがわぬご姿勢に感銘を受けた次第です。

実際に宮下さんにお話しをお伺いしてみると，戸村の予想通りというか一般的な監査上の懸念通りというか，小売業の側面が色濃く事業所も全国各地に点在する中で現金を取り扱う頻度も多い中で，アルバイト店員さんだけの時間帯もあるという24時間営業体制において，店舗での監査対応に十分配慮して監査対応をなさっていらっしゃるようでした。

一概に店舗でのリスク対策としての特効薬のようなものはないのかもしれませんが，宮下さんは1990年代後半ごろからリスクマネジメントや内部統制についての書籍を好んで読まれ，東日本大震災に先だって戸村も経験していた阪神・淡路大震災に直面したことで，より一層，全社的にもリスクマネジメントに関する意識が高くなっていらっしゃったご様子でした。

　宮下さんのお話しにて，店舗でのリスク対策としては，現場主義で往査にて肌身で現場そのものを「診る」ようにしながら経営視点も併せ持っていこうと心がけていたりする戸村としては大変共感の湧くお話しですが，徹底して現場の管理状況を肌身で感じとり違和感や課題を見出し，リスク対策の仕組みがあるか，あってもちゃんと実効性をもって機能しているか，仕組みがなかったり機能していなかったら，改めて，仕組みづくりや管理ツールづくりにコツコツ取り組み，繰り返し繰り返し，粘り強く監査の実効性を少しでも高めていけるように，基本を大切に監査に取り組まれていらっしゃるご様子でした。

　現金の過不足や棚卸ロスなどの異常値から課題を深掘りしてみたり，物事の「なぜ」を一歩踏み込んで考え見つめ直してみたりしていくことで，次第に，特に直営店の管理などが非常にスムーズになり，監査部門のお取組みの効果が表れていらっしゃったようでございました。

　また，日本社会における人口減少・少子高齢化で，いわゆる「胃袋が小さくなる」（パイが小さくなる）状況下で，「胃袋が広い」海外に打って出たり様々な創意工夫や新規事業に取り組む必要性に迫られつつ，そこで，新たなリスクテイクの際につまづいたりせず，健全に儲け続けていけるようにリスクへのコントロールが重要であるとの強い認識があったようです。

　これまでにも直面してきた新たなECビジネスの流れや新しい経営環境に呼応して，監査としてどう工夫を凝らして監査における環境適応を進めるかに腐心されたと，宮下さんのお話しから見て取れました。

　このあたりは，戸村流には，アダプティブ監査をまっとうに進められているご様子で，「仕事」というより「定型作業」として同じような「監査作業」を，これまでの枠からはみ出ないままに監査だけが経営環境における悪しきガラパ

ゴス化している監査人さんとの違いが，宮下さんのお話しの端々から見受けられました。

　監査における体系的なお取組みについては，これも基本に忠実というか宮下さん自らのご経験を基にまとめられたものとして，図Ａのようなお取組みを徹底して積み重ねてこられたとのことでした（図の出典：『会社法務Ａ２Ｚ』特集「内部統制と不正リスク対応」（Interview Part 2：宮下正博）2007年11月号，p.15「内部監査部門とは，経営者の「目」であり「足」である：ローソンにおける内部監査の実例を踏まえて」）。

　また，宮下さんの監査における問題意識としては，以下のようなことがお話しの中から戸村としては感じ取れました。

【監査で大切な思いや問題意識】
- 内部監査が自己目的化していないか
- 監査で何を見てどこまで深掘りして問題と向き合ったか
- 自分が経営者なら監査を通じて何を知りたいか
- 常に現場の視点と経営者の視点の両方から物事を見据えられているか
- もし自分がコンビニ店舗を持って経営したら何をどう見てどう行動するか
- ある物事が起こったのは「なぜ」かを常に問い続けているか
- なぜ一見して現場や他の監査人からどうでもよさそうにさえ思われるひとつひとつの対応が大切かについて全体的な観点から理解し相手に説き自らも実践できているか
- ひとつひとつの物事や５Ｓ（整理・整頓・清掃・清潔・しつけ）といった基本を繰り返し積み重ねて大切にしていけているか
- 監査人として「３つの感度」（リスク感度・経営感度・危機感度）を常に皮膚感覚的に高められているか
- 監査部門のディレクターとして，監査部門に配属された方々が，監査部門での仕事を通じて力を伸ばし成長していく契機にしていけるようにできているか

図A

	業務管理の態勢	
	主管部門	実行部門
仕組み	・仕事のルール（規程・マニュアル・フォーマット）の整備 ・内部牽制の仕組み（相互チェック，承認，報告，記録，保管）の整備 ＊独善的，属人的仕組みにしない	・仕事のルールに基づく実行 ＊長期滞在者への仕事の任せっぱなしは危険ルールを無視した自己流の業務になる。
教育	・業務の目的（なぜ，何のため）・仕組み・手順の説明 ＊時間をかける。案内だけに終わらせない。	・上司から部下へ。特に新人。 ＊上司は業務の理解が必要。 ・前任者から後任者へ。 ＊間違った手順が伝えられるおそれがある。
マネジメント （管理・監督）		・指示－報告－確認 ＊部下に任せっぱなしにしない。
チェック モニタリング	・主管者としての責任意識を持ち，定期的に確認する。 ＊言いっぱなし，やらせっぱなしにしない。	・自己点検の実施 ＊主体者意識をもって実施する。正直にチェックする。

▲ 点検，評価，改善指導

「業務管理の態勢」全体を診断する内部監査部門

▼ 報告，提言

取締役，監査役，監査人等

- 監査部門がキャリアアップのステップになるような有意義な監査活動ができているか
- 部下の監査人がもってきた報告書にきっちり向き合って，突き返して深掘りさせるべきところは深掘りさせ，一歩踏み込んで問いを発して部下の監査というものについての理解を促したり監査という仕事への向き合い方を教育したり往査OJTとして指導したりできているか
- 個人面談などで部下の監査人のモチベーションの向上に十分に努めていけているか
- いわゆる「サラリーマン」でも根性だけは「サラリーマン」になってはいけないことを自らも肝に銘じて仕事に取り組めているか　など

（注）宮下さまの言い回しをなるべく忠実に再現するため，「サラリーマン」という表現をここで用いましたが，戸村としては，「ビジネスパーソン」など別の表現の方がダイバーシティや人権上でより好ましいものと現時点で思います。

　以上のような監査における思いや問題意識を，宮下さんは常に持っていらっしゃったようでした。
　会社がなくなれば監査しようにもできないということもあり，会社があってはじめて監査があるという宮下さんのお考えは，何も，不正を見過ごすといったものではなく，健全な監査活動を通じて，本来あるべき経営に資する監査を目指し，監査におけるマニアックな個別最適化と「重箱の隅をほじくる」割に問題の核心に踏み込まないままで不祥事企業として凋落するようなことを避ける上で，戸村としては，健全に儲け続けるための仕組みを機能させる監査人の問題意識や宮下さんなりの言い回しに共鳴できるなぁと思ったりしました。
　2013年2月に定年・継続雇用予定とのことでしたので，取材の際に，これからはばたかれる監査人の方々に何かメッセージをお願いできませんかとお伺いしてみましたら，宮下さんから以下のような「5つの大切なこと」をメッセージとして頂きました。

【5つの大切なこと】
1．大事なことをしっかり継承すること
2．自ら腹に落ちるように踏み込んで自ら考え行動していくようにして自ら積極的に学ぶこと
3．周りのすべてが学びの材料であるということ
4．自律型人材を監査部門でも育てること
5．「作業」は言われたことをすることで，「仕事」は自ら考えて主体的に動いてはじめてできるものであるということ

　戸村としましては，とてもありがたい学びの多いインタビューをさせて頂きながら，拝聴するだけでは恐縮ですのでいろいろと意見交換もさせて頂きつつ，非常に共感できる取材の機会を頂くことができましたことに，とても感謝しております。

　監査部門の役職も高く年齢も重ねられてもなお，床にゼムクリップが落ちたままで誰も拾おうとしないままの状況を看過せず，ごく小さいことに見えて大切なこととして，すぐに自らゼムクリップを拾い5Sを実践し，自ら主体的に動く・自ら模範を示すことができる監査人であり続けられるよう，自らを律し他者を愛し温かい思いを持ち続けられるお姿に，「頭の下がる思いがする」のではなく「自然と頭が下がった」ひとときでした。

　戸村が若輩者で至らぬせいでしょうが，少なからぬご年配の監査役・監査人や学者さんなどの方々におかれまして，半ば「私を尊敬したまえ」とか，「これだけの有力企業の役員・役職を務める私を敬って当然だろ」とか，「私はすごい人間だから頭を垂れよ！」というような，その人の顔に「私を尊敬しろ」と書いてあるような方々と戸村が接する機会も少なからずございます。

　そんな中で，「尊敬しろ」と言わなくても相手から自然と尊敬される方とは，宮下さんのような方なのではないかと思ってみたりした次第です。

　そんな取材からの帰り道，ふと立ち寄ったローソンのコンビニには，今までとは違った温かい心と芯の通ったすがすがしさが店内を満たしているようで，

そのお店で買って飲んだホットコーヒーは，心もほっとさせてくれたような感じがしました。

【監査探訪③】
ダイヤル・サービス株式会社
営業部　CSRコンサルティンググループ　グループ長
高田奈穂子さんへの戸村のひょっこり監査探訪

　大阪出身の戸村は，大学に通うために上京してきて東京に住み始めたころや，海外生活を送っていた時，また，今はすっかり東京で仕事も生活も居を構えている中で，生まれてスクスク育つ息子の育児や家事に加えて仕事も多忙で疲れ切った出張先でのひとときなど，ふと，メールやメッセージの文字ではなく，そっと電話をして話しをしたい，悩みや想いを話して心が癒されたいと思ったりすることがあったりします。
　そんなことを思い浮かべながら，ぶらりと監査探訪にお伺いさせて頂いた先は，まさしくその電話を用いた画期的なサービスと，ご創業当時は女性による起業が珍しかったような状況下で，果敢にベンチャーとして，また，規制と戦いながらも時代を切り開き，社会の人々が必要とする命や大切な人やモノを救い，支え，温かく見守ってこられたことでもよく知られているダイヤル・サービスさまです。
　同社さまと戸村の関係はというと，特に利害関係はございませんが，(社)日本取締役協会で同社代表取締役の今野由梨さまとお会いしたご縁がきっかけで，戸村が私費を投じて日本初で開催させて頂きました「勇気ある通報者大賞」「勇気ある監査役大賞」の選考アドバイザーとパネルディスカッションのパネリストに，無償でご協力・ご登壇頂いたということがございました。
　また，戸村個人としましても，同社さまというよりも今野さまに敬意と親愛の情をもって，温かく接して頂けたこともあり，企業規模や上場・未上場は別として，数多くいらっしゃる経営者の中で，今野さまは戸村の最も好きな経営

者さんのおひとりです。

　既に，同社のサービスなどをご利用していらっしゃる読者の皆様もいらっしゃるでしょうし，NHKで今野さんの半生がドラマ化されて放映された番組をご覧になってご存じの方も多いかと思われます。

　また，今野さまのご高著『ベンチャーに生きる：私のチャレンジ半生記』（日本経済新聞社）や，『女の選択』（NHK出版）などで，今野さんやダイヤル・サービスさんについてご存じの方々もいらっしゃるかと思われます。

　具体的に，現在，どのような事業内容の企業さんかということについては，図Bをご参照頂ければよいかと思われます（図B出典：http://www.dsn.co.jp/「わたしたちのサービス」）。

　様々なサービスを手掛けられている中で，戸村が監査活動においても企業健全化へ向けた諸活動においても，とても有意義なサービスと思っている公益通報制度関連のお取組みについて，監査探訪して参りました。

　ダイヤル・サービスさんのオフィスに着くと，温かな雰囲気で壁には社会貢

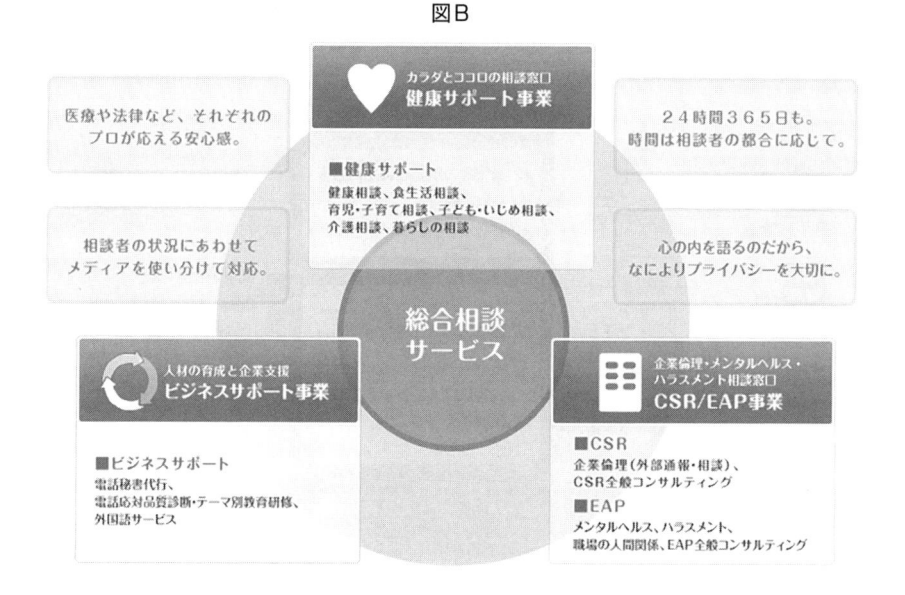

図B

カラダとココロの相談窓口
健康サポート事業

■健康サポート
健康相談、食生活相談、
育児・子育て相談、子ども・いじめ相談、
介護相談、暮らしの相談

医療や法律など、それぞれの
プロが応える安心感。

２４時間３６５日も。
時間は相談者の都合に応じて。

相談者の状況にあわせて
メディアを使い分けて対応。

心の内を語るのだから、
なによりプライバシーを大切に。

人材の育成と企業支援
ビジネスサポート事業

■ビジネスサポート
電話秘書代行、
電話応対品質診断・テーマ別教育研修、
外国語サービス

総合相談
サービス

企業倫理・メンタルヘルス・
ハラスメント相談窓口
CSR/EAP事業

■CSR
企業倫理（外部通報・相談）、
CSR全般コンサルティング
■EAP
メンタルヘルス、ハラスメント、
職場の人間関係、EAP全般コンサルティング

献活動の数々のお取組み事例や感謝のお手紙などが飾られていて，接遇もさすがという感じのハートフルなお出迎えを頂きました。

　今野さんご自身がまた取材に応じて頂けるご意向でしたが，取材当日はどうしても外せないスケジュール状況とあって，今野さんが最も頼りにしていらっしゃる同社メンバーの方のおひとりであり，また，公益通報制度関連の実務に精通していらっしゃる高田さんが取材に応じてくださいました。

　ダイヤル・サービスさんがどんな形態で公益通報制度関連のご支援をされているかについては，一言でいえば，通報窓口を外部に設ける形でプロの電話対応スキルと，心理カウンセリングのスキルを兼ね備え，勇気をもって通報された方々が社内の通報窓口に連絡するよりお話ししやすい状況を同社がご提供されているということだなぁと戸村なりに理解しております。

　大まかには，言葉より図の方がわかりやすいかと思われますし，通報窓口を外部に設置しようかどうかという監査人の方や公益通報制度担当部署の方々からのご相談も少なからずございますので，図Cにてご参照頂ければと思います（http://www.24hotline.jp/ethics/）。

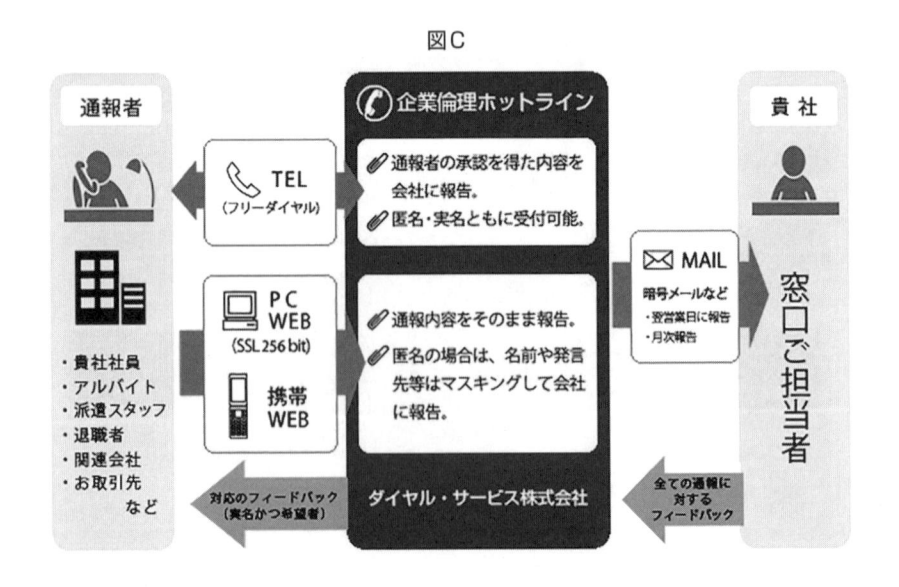

図C

さて，温かいコーヒーを出して頂きました応接室にて，戸村がお尋ねして参りましたことは，少なからぬ企業さんのお悩みとして，内部通報が０件である一方で，現場では，セクハラやパワハラをはじめ各種コンプライアンス上の問題が絶えないという，企業の自浄作用や内部統制の有効性・実効性を疑われかねない問題がある中で，公益通報制度に関する問題をどうしていけばよいかというヒントが得られればなぁと思っていくつか質問を投げかけさせて頂いたのでした。

自社内部の窓口で何の問題があるんだ，という疑問を持たれる経営者の方々や監査人の方々がいらっしゃるかもしれませんが，戸村も全国各社にていろいろと指導をさせて頂く中で，公益通報制度運用の現場の実態として，必ずしも自社内部に窓口を設置したからそれで万事うまくいくというわけではない，という見解は，同社の高田さんとも一致したお話しでした。

どうしても，自社内部の通報窓口には通報しづらい通報者心理が働きがちです。中には，同僚が受け取る通報窓口には通報しづらいという思いが通報をためらわせてしまい，その結果，もっと早く内部通報がされて，問題の早期発見・早期是正が進められていれば企業経営を揺るがす問題にまで発展しなかったのになぁ，というケースもありますし，人事部門のことを気にしたり，内部通報が適切にヒアリングされなかったりする結果として，重要な内部通報が埋もれてしまうという問題もあるようです。

高田さんのお話しを通じて，企業が通報者にガマンをさせてしまっている状況や，急に外部に告発され自浄作用をうまく機能させるチャンスを企業がみすみす逃してしまいかねない状況にあるということを，実際に同社が実施されたアンケート結果などをご提示頂きながらご説明頂きました。

また，言われてみればその通り，という感じですが，高田さんから伺ったお話しで，公益通報の窓口として，社内と社外の２つを設置し，通報者や通報内容によって通報者自身が通報先を選べる自由があった方がよい，ということには，戸村としてもその通りだと思いました。

また，自社内部の通報窓口では，仕事時間が同じ社員同士ですと，仕事時間

中は通報しづらいという思いがあるようで，時間外や土曜日なども通報受付をしてくれる同社のような社外の窓口がある方が，よりよい公益通報制度の運用になるのだろうなぁと，戸村は高田さんのお話しを拝聴しておりました。

　また，戸村もよくお話しさせて頂くことであったりするのですが，通報窓口の方のコミュニケーションやカウンセリングのスキルが欠けていると，重要な情報やサインを通報者が送っていても見落としてしまうこともあるため，訓練を十分に受けていない，あるいは，訓練を積んでいない通報窓口の担当者だと，大事な通報が企業健全化や健全に儲け続けていくための企業の自浄作用において活かされないままになってしまう恐れがあるため，訓練を十分に行っておく必要性があるということも，高田さんと意見が一致するところでした。

　同社で作成された資料を取材・執筆においてご提供頂いたわけですが，そんな中から，社外窓口の設置にお悩みの方が検討する上で役立ちそうな資料がございましたので，図Dに掲載させて頂きます（図Dの出典は同社ご提供資料）。

　同社では，自社内部の窓口ご担当者さん向けの訓練も行っていらっしゃったりするようで，ロールプレイングを通じて，通報窓口担当者の聴く力・スキルの向上に向けて，相談者・相談員・オブザーバーとしてそれぞれの観点から通報対応を見つめ直す契機をご提供のようです。

　そこでの訓練で取り扱う事例としては，幅広い事案を想定・対応できるようにしているようで，セクハラ・パワハラ・メンタルヘルス関連などをはじめ，各種コンプライアンス上の問題について，初級・中級・上級といった具合にそれぞれに同社が行っていらっしゃるようでした（詳細・条件等は同社にお問合せくださいませ）。

　以前，今野さんとご一緒に登壇させて頂きました際は，今野さんより，顧客満足が問われるように，「通報者満足」も問われるべきとのお話しがございました。

　なるほど，と戸村は思った次第で，では，どんなご対応や創意工夫を同社でなさっていらっしゃるのか気になっておりましたので，この機会に高田さんにお尋ねしてみました。

図D

<通報窓口に関する各体制比較>　　　　　　　　　　2009.5 ダイヤル・サービス㈱

体制	特徴	匿名性の確保	課題
社内窓口	・社内情報を踏まえた柔軟な対応	低い	・社員から見た通報のしづらさ ・対応者の人選（ノウハウ・専門性の不足） ・対応者の教育・研修 ・対応者の専任（兼任）時間の確保 ・セキュリティの確保（専用個室の整備） ・対応者人事異動の際の守秘義務
顧問弁護士	・弁護士法で守秘義務が規定されている ・法的な見解を踏まえた対応が可能 ・社内窓口に比較して中立公平性に対する信頼がある	中	・社員から見た通報のしづらさ（敷居が高い） ・顧問契約との利益相反の可能性あり ・社員に対する信頼性の確保 ・即座に電話対応ができない場合が多い ・常時弁護士が直接受けるわけではない
第3者弁護士	・弁護士法で守秘義務が規定されている ・法的な見解を踏まえた対応が可能 ・顧問弁護士に比較して中立公平性に対する信頼がある	高い	・社員から見た通報のしづらさ（敷居が高い） ・相談という性格に欠ける ・委託料金が高い ・即座に電話対応ができない場合が多い ・常時弁護士が直接受けるわけではない
専門窓口ダイヤル・サービス㈱	・相談・通報のしやすさ（カウンセラーが対応） ・中立の立場で内容を判断せず正確に会社へ報告することに特化 ・整理された通報内容がスピーディーに報告される ・専用個室対応，送信時セキュリティ，情報管理徹底など，弁護士事務所に比較してセキュリティが高い ・就業時間後～夜9時，土曜日にも対応 ・会社のニーズにあったカスタマイズ運用が可能（匿名でも通報者と連絡をとれるようなしくみ等） ・サービスツールの提供，セミナー，勉強会，研修，意識調査などを通じ，会社のコンプライアンス体制をバックアップ	高い	・法的な見解を踏まえた対応はない （報告書に対し第三者弁護士の見解を添付することは可能：追加料金）

同社での通報の受付は，通報を一切お断りしない・門前払いしないという一次窓口の役割を果たし，そこで災害時医療でよくいわれる「トリアージ」を行われているようでした。

　中には，自殺するという方や，泣きながら電話でお話しになる方や，怒ったり，あるいは，淡々とであったり，様々な通報者の状況に最適な応対でまずはすべて通報を受け入れ，どんな些細に思われそうなことにも，その先にもっと大切な大きなことが隠れていたりすることもあり，まずは十分に傾聴することを大切にしていらっしゃるようでした。

　そして，外部の通報窓口として客観的に対応し，通報という名の下に愚痴と思しき内容や重要性の高い内容など様々にある通報による情報を整え，重要な点については通報者の同意したことをお伝えして，通報者のお申し出に沿ったプライバシーの確保や守秘すべき点は守秘する，といったことなどにも中立公正に努められているようです。

　読者の皆さんの中には，うちの会社は顧問弁護士がついているからそれで十分だ，という方がいらっしゃるかもしれません。

　同社ご提供資料や高田さんのお話しにもありましたし，また，戸村自身がご支援して参りました公益通報制度の運用に関する問題解決の際にも少なからず見受けられたことですが，顧問弁護士は企業を守る役割として，企業をクライアントとして雇われている立場でありながら，公益通報に関しては，時として，企業側の問題是正に関する通報が出て参ります。

　そのような際，顧問弁護士は，訴えを起こす者から企業を守る役割と，通報者から企業側が訴えられかねない状況下で通報者の側について企業を訴える側に回るということは，利益相反の可能性を持ち得るため，戸村流に平たく言えば，内部通報において顧問弁護士はあてにならないということが起こったりします。

　実際，戸村がご支援させて頂いたある団体において，顧問弁護士が遠回しな言い方ですが，「私は●●（団体名）の弁護士として役割を果たします」との一言で，内部通報を一蹴するということもありました。

そのような際に，通報者が健全に公益通報を行い通報の濫用ではなくまっとうな道を歩む上で，外部の通報窓口があることは，とても心強く，また，大局的に見ても企業側にとってもプラスになることと戸村は思ったりしております。

公益通報制度関連で監査にも関わりそうなお話しとして，戸村がお尋ねしてみた企業を良くする，あるいは，善くする工夫例については，給料袋の中に通報窓口への連絡先を書いたものを入れて配ったり，折り畳み式で携行したりさっと見やすくした公益通報制度に関する案内などを配布したりすることもよいのではないかというお話しがありました。

また，同社では，どんな小さな，あるいは，些細に思われそうなことでも「なんでもどうぞ」というように通報を受け付けることで，社内の通報窓口担当者さんの負担を減らしながら，その公益通報制度の運用姿勢を示していくことを通じて，重要な通報をしてもらいやすくするような，信頼と安心をコツコツと醸成していく粘り強い地道な活動を進められるようでした。

留意点としては，自社内部に通報窓口を設けただけとか，問題があれば通報を促すパンフレットやポスターを作って社内の壁などに貼っただけでは，認知度が多少は上がったとしても，実際に問題があった際に内部通報窓口を活用するかどうかを左右するトリガーとなる，自社の公益通報窓口に対する役職員の「信頼度」が上がらなければ，公益通報制度が形骸化したり実効性を失ってしまいかねなかったりするというお話しもございました。

戸村としましては，『会社法務Ａ２Ｚ』2013年8月号の寄稿にもまとめたり指導の中でお話ししたりしておりますが，内部通報を極力抑え込もうとしたり，内部通報の「敷居」をあえて高くしたりするようにする企業や弁護士による指導があったりしますが，監査人が往査の際に見出し得ないような日々の様々な問題発生に至るまでの変化や予兆が詰まった，監査活動の宝庫とさえいえそうな公益通報と，それによってもたらされるモニタリングなどにおいても貴重な情報を，企業も監査人も謙虚かつ積極的に活かして，社会における健全な企業として存在していって頂きたいという思いが強くございます。

同社では，カウンセリング的に広く通報を受け付け，海外展開されている企

業にも英語・中国語・韓国語などでも通報受付可能な状況を整えていたり，受け付けた通報から得られる情報をプライバシーに配慮しながら正確に企業に届けたり，IT対応におけるセキュリティ強化などに至るまで，プロとしての対応をご提供とのことで，これからの健全な経営を目指す日本企業にとって心強い存在ではないかと戸村は感じ入ったりした次第です。

　最後に，同社に寄せられた通報を外部窓口として委託された企業側の方々からの声・ご反応をお伺いしてみました。

　企業側からの生の声としては，通報を通じて事前に問題をより早く把握できて健全に対処できてよかったという声や，隠れた課題や潜在的リスクが浮き彫りになったというような声が寄せられているようでした。

　また，同社から企業側に届けられる報告書の内容と実際の対応の際のヒアリングや実態がブレておらず正確であったとか，新聞沙汰になる前に健全に解決できたということや，不正リスク対応基準でも声高に重要性が説かれている不正や問題の「予兆を把握すること」がスムーズにできてよかったといった声も寄せられているようです。

　必要に応じて，不正調査や各種対応，コンサルティングや面談技法の指導なども含め，通報から問題解決に至るまで，企業側の通報窓口担当者と共に取り組み一緒に考えながらワンストップでのサポートも可能なようで，戸村が思うに，同社の外部窓口設置を通じて，企業の内部人材が同社と協働していきながら，担当者のスキルアップにもつなげられるのではないかと思った次第でした。

　多忙な折にも関わらず，通報だけでなく戸村の拙い取材にもしっかり向き合いじっくり時間をとって頂けましたことに感謝しながら家路を歩んでいたころ，戸村のスマートフォンに母からの着信がありました。

　「そうだ，私も，たかが一本の電話と言わず，折角かけてくれた電話にしっかり向き合おう」と，普段は要件くらいでさっと切ってしまっていたような母からの電話を受けて，じっくり傾聴し思いを通わせあう通話になればと思ったりしたのでした。

【監査探訪④】
株式会社ラック
取締役　最高技術責任者
西本逸郎さんへの戸村のひょっこり監査探訪

　今日も戸村は監査日和で各地をぶらぶらとしています。一言で監査といっても，対象部署は組織横断的で，監査を通じたポジティブ・アクション（アファーマティブ・アクション）のようなことや，監査におけるワーク・ライフ・バランスや人権問題への対応に思いをはせてみたり，以前に取材にお伺いさせて頂いた被災地（復興地または「復幸地」）の皆さんはお元気だろうかと思いながら，スマートフォンの待ち受け画面にしている息子の写真をしてみたりして，ふと，息子がスマートフォンとかインターネットを利用する頃に，親として，どうネット上のマナーやITリテラシー教育をすべきだろうかと思い悩んだりしていました。

　ITをよく企業においても，いまだ経営陣の中にCIO（Chief Information Officer）やその役割を果たす役員がいなかったり，サイバー攻撃やセキュリティの各種課題に十分な対応をしきれていない企業が少なくないといわれたりする日本において，さて，親としてや監査人として，ITとどう向き合ったものかと思いつつ，今回は日本におけるITセキュリティのリーディング・カンパニーであるラックさんに取材にお伺いする機会を得たのでした。

　取材にお伺いさせて頂きましたお相手は，以前，日刊工業出版プロダクションさんの『ITソリューション企業総覧2012年度版』巻頭鼎談にて，戸村がコメンテーター兼任でコーディネーターを務めつつ，電気通信大学教授の新誠一さんと共に鼎談のテーブルを囲ませて頂きました西本逸郎さんでございます。

　西本さんは，以下の同社プレスリリースにございますように，テレビご出演や各方面での顕著なご活躍で，情報セキュリティ文化賞を受賞された方でございます。

当社　セキュリティ技術統括　専務理事　西本　逸郎は，2013年3月6日，情報セキュリティ大学院大学（学長：田中英彦　所在地：横浜市神奈川区鶴屋町）の第9回「情報セキュリティ文化賞」を受賞いたしました。

　この賞は，わが国の情報セキュリティ分野の進展に大きく貢献した個人を表彰することを通じ，情報セキュリティの高度化に寄与することを目的として，情報セキュリティ大学院大学が2005年2月に制定（協力：日本経済新聞社，後援：総務省，文部科学省，経済産業省）したものです。

（出典：http://www.lac.co.jp/news/2013/03/08_news_01.html）

　この業界で著名な方でいらっしゃるのですが，戸村のような者にもわかりやすく情報セキュリティなどについて，気さくにお話し頂ける方と巡り合えましたことは素敵なご縁と思い，監査役や内部監査人とITについて考えるにつけ，お話しをお伺いできればと思いコンタクトを取ってみたところ，多忙極まるスケジュールの中，大変快くOKしてくださいましたことに大変ありがたく思うのでした。
　ラックさんについては，様々な情報セキュリティに関する事業を展開していらっしゃいます。

～「情報セキュリティはラック」と評価される理由～
　インターネットが技術者のごく限られた空間に過ぎなかった1995年，ラックは国内企業の先駆けとして情報セキュリティサービスの提供を開始し，その後も一貫して情報セキュリティ分野の強化・発展に努めてまいりました。
　この地道な取組みが評価され，政府機関に招かれて，国家レベルでのセキュリティ対策への提言や支援を行うなど，業界をリードする立場として高度なIT社会を支えています。

（出典：http://www.lac.co.jp/corporate/summary.html）

さて，肝心の取材の中身についてですが，本書でどこまでITについて触れていけばよいかと考えあぐねる中で，本書では専門的なお話しの部分よりも，戸村のような者にもわかりやすく噛み砕いて頂き，西本さんの私見・個人的なお話しとしてお話し頂いた部分をクローズアップしてまとめさせて頂こうと思います。

　戸村としては，息子が中高生くらいになってITに向き合う際に，どうしたものかと思っておりましたら，周りの大人が思考停止していたり，十分に理解した上でITについて教えることができていなかったりすることが問題ですよね，とのお話しとなりました。

　若者のIT犯罪では，つい，腕試ししたくなって不正を侵してしまったということも少なくないようですが，これを若者だけの問題として切り捨てるのではなく，空手でも指導体制があり倫理を習得して腕を磨いていくように，周りの大人がITで腕を上げるとか腕を磨くとはどういうことか，どういった意味や責任を持つのかをしっかり指導していけるようでなくてはとのことでした。

　また，マスコミの報道においては，IT遠隔操作事件において，プログラマーは変な人というようなレッテルを貼ったりメディアが変な伝え方をしたりして，健全に社会を支え重要な役割を持つ貴重なIT人材を大切にしていく社会風土が必要だなぁ，とのお話しもございました。

　ふと，戸村なりに少なからぬ日本企業を見つめ直してみたりしますと，IT部門の方々が，ITに詳しいとは言えない経営陣に振り回されたり，経営陣にとってITは，「振れば何か勝手に自社がよくなる魔法の杖」のように思われたりしながら，結局は，やっていることへの理解や理解しようとする試みも目立って見受けられないままに，ブラックボックスの中の特殊な人，というような扱いに終始してしまいがちではないかと思うにつけ，一般的な企業内でもIT人材の地位向上やIT部門やCIOと他の部門・役員の協働や協調関係を見つめ直していかないといけないような感じがしたりしました。

　西本さんからは，一般的な企業において，IT部門は花形部門ではなく，奴隷のように使えばよい人々という見方がされているような感があるとのお話し

もあり，戸村としては，何かIT部門の方々に少しでもお役に立てるような活動ができないかと思ったりしました。

「ITを使ってどうするか」ではなく，どんな企業においても，道具としてのITから「体の一部」としてのITになってきている中で，役職員のITリテラシーの向上やITとの接し方を見つめ直すべきとのお話しも頂きました。

赤ちゃんは火を触ると熱くてやけどするとか，火の扱いとかわかっていないと危険であるように，情報セキュリティ対応においては，リスクをしっかり見据えて理解しておくことが重要ですよ，とのお話しには，ITベイビーな戸村としては，自分がどこまでわかっているのか，ちゃんと貴重なIT専門家の方々に敬意をもって接することができているのか，また，畏敬の念を持っているかと自己を省みたりしておりました。

クラウドについてのお話しでは，クラウドを利用する企業側のリテラシーを高めることと，費用対効果をみて必要に応じてさっと契約を切ったり変えたりクラウド提供社側にNOと言えるようにしないと，自社にとってもよくないことですし，クラウドを提供する事業者側においてもよいものがより評価され淘汰されるべきものが淘汰されるという流れが進まないし，よりよいクラウドを提供しようとする風土が育まれなくなる，という危惧を抱いていらっしゃるようでした。

戸村としては，そんな中でも欧米の大規模でパワフルなクラウドにどう日本のIT企業が立ち向かえばよいのかなぁと思っておりましたら，欧米のクラウドに真正面から立ち向かうというよりも，むしろ，日本らしいクラウドのあり方を模索する方がよいのではというお話しも出ておりました。

例えばという感じでのお話しでしたが，保険会社がクラウドを提供し，「ゆりかごから墓場までクラウド」とか，あるいは，退職金運営クラウドなんてものがあっていいじゃないか，というような柔軟な発想のヒントを頂いたようなこともございました。

情報セキュリティと監査についてお話しをお伺いしてみましたら，これもやはり，日本式の監査があってもいいわけですし，欧米式のものに右へならえで

はなく，日本らしさや日本流のIT経営や監査のあり方を見出していくべきでしょうと，戸村としては，「日本発で世界へ」という思いで各種の監査についてゼロからというか日本社会と現場から経営について考えてみたりする中で，もしかすると戸村の理解不足で誤った解釈をしてしまっているかもしれないものの，なんとなく背中を押して頂けたような思いがする一幕もございました。

戸村が日本の監査役の実態として必ずしも有効性・実効性が高くないようなことを嘆いておりましたら，もういっそ「監査役」ではなく，とことん日本らしく，世界に通用することをコピー＆ペーストで焼き直すよりも，「目付け役」などに改称したり若手が活躍できるようベテランがその知見を活かし若手とベテランの融合を進めながら新たなものを築き上げていく方がいいかも，というクリエイティブなアドバイスを頂いたりしました。

そんな折，なんとなく使ってしまってわかったような感じになってしまっている物事を見つめ直す場を与えて頂いたこととして，「スマートフォン」の「スマート」をどう解釈するべきかというお話でした。

改めてというか，いい加減気づいておけよとお叱りを受けそうですが，無知な戸村が，「なんかささっと賢くいろんなことができる」っていうような感じかなぁと思ってみたりしておりましたら，「スマート」というのは「インターネットと融合した」というべきですよねとのこと。

スマートフォンは「インターネットと融合した電話」だったり，スマートシティは「インターネットと融合した都市」であったり，読み解き方を改める必要があるんだなぁと自省してみたりしておりました。

西本さんのお話しは，サポートされたAPECでの某首脳の裏話的なことや，外交・軍事とサイバー空間，また，会社に出社して会社のPCを使う，機械に人間が合わせるスタイルから，人を中心とした社会において，人の中に会社やコミュニティや学校などがあるというITのあり方への変容が必要であることや，さらには，オンライン・バンキングやアノニマスや法とIT，情報システム部門に丸投げ状態から代替のきく「機能」と代替のきかない「データ」を分掌していくべき＆データ・オーナー意識を持つべきということや，外部から侵

入されることを前提にセキュリティ対応を考えておき，侵入は許したとしても暗躍を許すことのないようにするべきとのことなど，ご高見から多岐に渡る多彩なテーマについてギュッと凝縮した密度の濃いお話しの機会を賜りました。

戸村の無知ぶりからいろんなアイデアやヒントの宝庫のような場を賜りながら，本書紙面にて十分にその貴重なお話しを活かしきれていないことに恐縮ながら，一流の方々に接するにつけ，自然と深く頭を垂れ，見つめた先の自分のつま先・足元から自分を見つめ直していかないとなぁと思える，大切な自省の機会を頂けたことにも，とても感謝しております次第です。

取材を終えて近くのカフェで一息入れつつ，取材メモは大切に星印をつけて胸に抱き，テーブル上に広げたメモの横に置いてみたノートPCにも手をあわせて一礼し，かいがいしくスクリーンを磨いてみるのでありました。

【監査探訪⑤】
仰星監査法人
副理事長　東京事務所長　公認会計士
南　成人　先生への戸村のひょっこり監査探訪

世の中に様々な「先生」と呼ばれる方々がいらっしゃいます。大学の教授は，実力うんぬんは抜きにして先生と呼ばれ，弁護士さんも先生と呼ばれ，医師も先生と呼ばれるのが当然のこととして受け止められているように思われます。

しかし，戸村の思いとしましては，監査の世界でなかなか自然と「先生」と呼びたいと思い呼ぶべきだと思う方に出会うことが，残念ながら少ないように思っています。

そんな中で，戸村が「先生」と呼びたいと自然と思い，そうお呼びするべきと思う数少ない方に出会えたのは，ずいぶん前に，情熱をもって内部統制について語られていたある先生がご登壇されていたセミナーに，戸村がひょっこりと聴講者として参加させて頂いた時のことでした。

その先生こそが，今回お伺いさせて頂きました仰星監査法人の南先生でした。

南先生に戸村が弟子入りしたとか一緒に働いていたといったことはなかったのですが，そのセミナーでお話しを拝聴させて頂いた時から，とても惹かれるものを直感的に感じられたため，クライアント企業さんに全力で力を尽くされるご多忙な先生ですが，いつか，お話しの場を賜れればと思っておりました。

本書の「監査探訪」において，南先生に取材の機会を頂戴できればとお願い申し上げましたところ，快くお迎え入れくださいましたことに，改めまして，この場を借りて厚く御礼申し上げる次第でございます。

さて，ありがたい思いがいっぱいでお伺いさせて頂きました仰星監査法人さんでは，以下のような思いで監査に向き合っていらっしゃるようです。

私たちは情熱の監査法人です！

「情熱」と聞いて，どう思われるでしょうか？

>>> 暑っ苦しい人たち？
>>> 青臭い青年の主張？
>>> 押し付けがましい？

言葉に出すとちょっと恥ずかしい時もあります。しかし，監査を含め仕事を遂行するにあたって決して欠かせないもの，それは知識よりも経験よりも，「情熱」だと私たちは考えています。プロフェッショナルである監査人として，クールに物事を進めていく冷静さが求められることは，もちろんです。しかし，その根底に何かしらの情熱がなければ，どんなに知識を詰め込んだ監査人でも継続的にクライアントと接し，ニーズを把握して実態を踏まえた適切な対応することはできないのです。

正しくはこう表現するべきなのかもしれません。「クールな情熱こそが大切だ」と。私たちはクールに，冷静に物事を進めながらも，クライアントと秘めた情熱で接したいと考えています。その信頼関係こそが，私たちがもっとも大切であると考えているものなのです。

（出典：http://www.gyosei-grp.or.jp/i-1/）

監査は淡々と行えばよいとおっしゃる方々が，ただひたすらにアメリカ式の監査対応や，アメリカで整えられた監査ツールなどを礼賛して，監査における創意工夫を自ら凝らして新たな監査のあり方や取組みをしようとしないような現状に，戸村としてはかなり違和感を覚えていたりします。

そんな中で，監査において「クールな情熱こそが大切だ」という情熱をもった監査を，ウェブサイト上のきれいごととしてではなく実践されているからこそ，一目お目にかかった際に，南先生に惹かれるものを強く感じたのだなぁと思った次第です。

また，戸村が好きな経営姿勢と仰星監査法人さんの経営姿勢とが合致している点を，同じく同法人のウェブサイトでみつけましたのでご紹介させて頂きます。

一流の専門家とオープンに協力しあうネットワーク志向のプロ集団

　私たちは，何でも監査法人だけで揃えようということは敢えて避け，複数の専門家とネットワークを構築して仕事を行い，クライアントに最も適切なサービスを提供していきたいと考えています。全てを監査法人だけで揃えようとすると，無理な規模拡大をせざるを得ない上に，得意・不得意，優劣に関係なく監査法人内の自前部門を使わなくてはならなくなり，それは結局，クライアントへ提供するサービスの質の低下につながるおそれがあるからです。

　私たちは，税務，国際業務，コンサルティングのそれぞれの分野のプロフェッショナルたちと連携をとり，常にクライアントに最新の知識に基づいたサービスを提供できる体制を整えています。私たちのそれぞれの分野は大きくありませんが，このネットワークにより，質・量の両面において，大きな組織に負けないサービスの提供を維持しているのです。

最大でなく，最強を目指す

　それは，自身の規模拡大を目的とすることなく，様々な分野のプロフェッショナルとのネットワークを最大限に利用することにより，自身は必要十分なだけの規模を保って，クライアントにリーズナブルで最適なサービスを提供することを自らの役割とみなすという宣言なのです。
（出典：http://www.gyosei-grp.or.jp/i-2/）

　クライアントさんに対してプロの仕事をすることや，経営努力においてリーズナブルに良質な監査関連の各種サービスをご提供されていらっしゃるご様子に，ますます，戸村は興味を惹かれて監査探訪の取材を楽しみにしていたのでした。
　南先生にいろいろとお話しをお伺いさせて頂きますと，やはり，南先生はウェブサイトの記載にたがわぬクールな情熱をもって熱く語って頂きました。
　関心を持って取り組まれていることは何ですかとお伺いしましたところ，これもとても共感できるご返答で，日本の監査業界では海外のメソドロジーや，海外の監査ツールを焼き直ししたようなものを用いていることが多い中で，日本の風土や組織文化にあった監査をするために，創意工夫を凝らしていきたいとのお話しでした。
　日本生まれで日本育ちの監査法人として，ゼロから物事を見つめ直し，日本発の取組みを進めていこうとされるご様子に，自然と，若輩者にて恐縮ではありますが，戸村は陰ながらも応援したくなる思いに駆られました。
　では，なぜ，海外の監査メソドロジーや監査ツールの焼き直しのようなものを適用することに問題意識をお持ちなのかといえば，日本と比較して米国などでは公認会計士試験のハードルが低いような状況がある中で，様々な能力・スキルのばらつきがある公認会計士さんが，その人たちでうまく監査業務を回せるためのマニュアルを使っていると，例えば日本の監査実態からすれば少なく

てよいはずのサンプル数が多めにとられることになり、結果的に、監査工数が増えてクライアント企業さんに負担がかかる状況になるといった状況を勘案してのことのようです。

クライアント企業さんに良心的にプロとして最善の力を尽くす上で、そういった監査法人側の事情に否として向き合っていらっしゃるご様子に、とても好感が持てました。

また、外部の監査人として監査にあたる際に、クライアント企業の監査現場などで、そもそも聞くという意味をもつ "audit" に沿ってコミュニケーションを十分にとりながら、プロとしての職業的懐疑心を基に違和感をないがしろにせず、日本社会や日本企業の実態を踏まえた上で、より日本企業にあった監査のあり方を模索しつつ、より効率的・効果的な実効性ある監査ツール・マニュアル・メソッドを追求していらっしゃるように見受けられました。

読者のみなさんの中には、同法人のウェブサイトで海外の監査サービス関連のネットワークに加盟していることをご覧になって、この監査法人さんも海外のツールなどを焼き直ししてそれを使っているのではないかと思われる方がいらっしゃるかもしれません。

戸村も少し気になっていたのですが、南先生にお話しをお伺いすると、世界的なネクシアインターナショナルのメンバーの監査法人ではあるものの、加盟する各事務所が協力する体制を広い裁量をもってオリジナルの取組みがしやすいようになっているとのことでほっと致しました。

また、大手監査法人では海外の大手ネットワークに加盟していることで、ロイヤリティーの支払いの必要性から、高コスト体質に陥りやすいとのことで、より自社のことを慮ってくれる監査法人が、よりリーズナブルに各種サービスを提供してくれる、仰星監査法人さんの中堅でもきらりと光るよさが、もっと広く知れ渡るとよいなぁと戸村は思った次第です。

南先生ご自身はどのようなことをこれから10年くらいかけて取り組まれようとされていらっしゃるのかについての興味があったのでお伺いしてみました。

これからの10年くらいは、効率的で監査報酬をよりリーズナブルにする経営

努力をしつつ，実効性ある監査を進める上で役立つ監査ツールの開発に，南先生はクールな情熱を注いでいきたいとのことでした。

また，人と向き合う時間を生み出すために効率的な監査を目指していらっしゃることや，外部のコンサルタントなどに依頼して，同法人内でのマネジメント，リーダーシップ，コミュニケーションなどの人材教育に力を注いでいらっしゃるようでした。

監査探訪でお伺いした東京事務所は，日本公認会計士協会の拠点のすぐそばだなぁと思っておりましたら，きらりと輝く監査法人として，プレゼンス向上や様々な取組みを積極的に行うためにも，同協会の活動に力を入れ，理事も複数輩出してこられたそうです。

戸村の興味から，南先生の座右の銘というか大切だと思っていらっしゃることについてもお伺いしましたところ，以下の3つが迷うことなくクールな情熱をもって語られました。

【監査や監査法人経営において大切な事】
1．独立性なくして監査なし
2．クライアントのために全力を尽くす
3．自ら腹をくくって監査に向き合う

こういったことをお伺いした際に，どれだけ立派な言葉が並んでいても，実践が伴っていなければ空虚に聞こえるというか却って残念な思いがすることがありますが，南先生の場合は実践を伴っていらっしゃるご様子で，とてもすんなりとうなづけた次第です。

そう申しますのも，南先生が大手監査法人ご勤務から独立され，新たに監査法人設立をした当初，クライアント企業さまが1社だけの頃に，そのクライアントを失うかもしれないものの，そのクライアントにとって極めて厳しい監査指摘を出すべき状況に置かれた際，信念にたがうことなく否と述べるべきところを否と述べ，会計上の判断に幅があるといっても，正しいことは正しいと毅

然とした対処をとった結果，長い目でみて却ってクライアント企業さまからの信頼が厚くなり，正しさを貫くことの大切さを改めて感じられたという実体験を詳細にお話し頂いたからでございました。

　今も，ことあるごとに，部下の方々にその際に監査人としてどう感じ何を大切にしどう対応したかというエピソードをお話しになりながら，監査人の倫理性を高める指導を徹底していらっしゃるとのことでした。

　そして，その姿勢は，監査法人の名称にも象徴されており，「星」にちなんだ名称は，揺るがぬ信念と情熱に裏付けられ，クライアント企業さまの経営判断が健全であるための羅針盤であり続けることを示すものとなっているのだそうです。

　熱く語ってくださった取材を終えた日の夜，そっと空を仰ぎ見ると，そこにはきらきらと輝く星がひときわ美しく見えました。

　輝く星を見つめながらそっと胸に手を当てて，自らの心を省みるひとときを過ごしてみたのでした。

【監査探訪⑥】
某不正調査機関さまへの戸村のひょっこり監査探訪

　ここでは，匿名希望のあくまでも私見によるお話しで，取材に応じてくださった方のお話しを簡単にご紹介させて頂こうと思います。

　取材源の秘匿の観点から，誠に恐縮ではございますが，筆者の戸村にお問合せ頂きましても，また，こっそりと誰にも言わないから教えてよとおっしゃってお尋ねになられましても，どの会社のどなたかなど，個人やご所属先などを特定される恐れのある内容につきましては，お応え致しかねますことをご了承頂ければと存じます。

　さて，こちらの方が主に取り組んでいらっしゃることは，不正調査や不正対策の指導をはじめ，コンプライアンス上の問題解決に関わることでございます。

　最近は特に企業経営のグローバル化が，かつて以上に重要性を帯びてきてい

ますが，そんな中で，海外におけるワイロの問題もマスコミを賑わす事件としてクローズアップされたりしております。

　国や文化的背景などから，海外拠点でワイロ抜きに仕事をすることが実態としてなかなか難しいような状況から，つい，何とか秘密裏にうまく仕事を処理して対応したいという誘惑にかられることが少なくないようです。

　そんな状況下で，この方によく寄せられる質問として，相手にお金を渡すのは「いくらならセーフですか？」という質問だそうです。

　あくまでも状況次第だそうで，確かに，戸村もアメリカなどに旅行した際に，ハウスキーピングの方やバレー・パーキングのところでは駐車係の方にチップをお渡しするわけで，金額がいくらなら相手に渡しても問題ないかという質問があること自体は，出てきて不思議なものではないのかもしれません。

　ただ，社会通念というか一般的な妥当性を見据えた場合，日本で相手に1万円渡すのと，発展途上国で月収が2〜3万円くらいの国で相手に1万円渡すのとでは，同じ1万円という金額でも，その1万円が持つ価値・意味が異なってきてしかるべきでしょう。

　一概に基準を決め難いような質問に対して，特段の便宜を図ってもらう意図の有無や，「説明して納得されないことはするな」というのが，どうやら，その方の行き着いた回答のようでした。

　海外拠点でコンプライアンス対応を進めるとしても，単にコンプライアンス委員会を設置したというだけでは実効性に乏しいようで，コンプライアンス委員会なら委員会を機能させるに十分なスタッフを充当する必要性があるとのことでした。

　また，判断に迷うようなら，勝手に結論を出してしまわず，まずは自社内のしかるべき相談先に相談するよう勧めていらっしゃるようです。

　国際社会の動向や法制度の改変や，各国個別の法令や，過去の事例・判例などを十分に理解し，ケーススタディなどを通じて，自社内で議論し共通理解と共通して守るべきことを整理し浸透させることが大切だと，その方はお話しくださいました。

また，グローバルなネットワークを持つ法律事務所や会計事務所など，各国にオフィスがあり，できれば日本語を話せて日本人や日本の法令・商慣行についても知っている方がいらっしゃる相談先を確保しておくことが大切だと，その方は述べていました。
　ちなみに，その方が調査に入る際は，支払いの帳票をチェックしながら，細かいように思えるものの，違和感のある，あるいは，通常の対応から外れているものについて，違和感を大切にしてなぜこの支払いは他の支払いと違っているのかなど，細かいところと大きなところの両方を見据えてチェックするようにされているようです。
　そんなこの方の座右の銘は，「正しいと思うことを私はやりたい」「自分で合理的に説明できることをしたい」という2つのことを，常に自らに語りかけて，健全な仕事をしていこうとされていました。
　また，うっかりミスというか，監査心理学的にみた「不正認識欠如型の不正」を避けるために，コンプライアンス経営では，特に教育を重視していくべきとのお話しもございました。
　そんなこの方の健全性を高める工夫としては，特に特殊なことを大上段に振りかぶって行うのではなく，現場に足しげく赴き，現場をよく知り，現場に合った教育を，粘り強く繰り返し繰り返し積み重ねることだそうです。
　また，不適切な原材料の使用や，原料の適正な仕入れ・輸送・利用・後処理に至るまで，国や各種規制によってはトレーサビリティが強く求められることもあるため，サプライチェーン全体で信頼の構築と維持や，コンプライアンス意識を高めることが，グローバル化の中で置き去りにされないように留意すべきというお話しも頂きました。
　こうしてまとめてみますと，匿名条件（ただし，大まかに私見に基づくお話しの内容を公開は可とのこと）として頂いたお話しのご紹介は，もしかすると，読者の方に雑駁な感を抱かれるかもしれません。
　しかし，いろんな方々のご協力とお話しの内容を持ち寄ってみたり，実際に遠くても近くても自らが取材に出かけ，生の声をお届けさせて頂くことに，多

少なりとも戸村なりに意義を見出してみている次第でございます。

【監査探訪⑦】
現状を憂う監査人さんへの戸村のひょっこり監査探訪

　こちらの監査探訪も，参考として，匿名希望のあくまでも私見によるお話しで取材に応じてくださった方のお話しを，簡単にご紹介させて頂こうと思います。

　取材源の秘匿の観点から，誠に恐縮ではございますが，筆者の戸村にお問合せ頂きましても，また，こっそりと誰にも言わないから教えてよとおっしゃってお尋ねになられましても，どの会社のどなたかなど，個人やご所属先などを特定される恐れのある内容につきましては，この方の身の安全にも関わる問題でございますので，お応え致しかねますことをご了承頂ければと存じます。

　さて，現状を憂うある監査人さんは，自社があまりにも独裁的で，役員の内のトップ数名ですべての物事を決めてしまい，自分たちのやっていることはすべて正しく，監査人や部下の指摘や諫言は，相手の方が間違っているし何か企んで述べてきていると決めつける傾向にあるという，典型的な猜疑心による「疑う」行為で企業経営を不健全にしているようでした。

　ある不適切な処理において，不適切な不動産売買での問題を起こし，監査人が指摘しても，何を言っても「ご意見として承る」の一点張りで突っぱねていらっしゃるようでした。

　その件に関して，弁護士に相談し問題視されて第三者委員会まで設置されることになったそうですが，どこの監査法人かは存じませんが，その方の会社を担当する監査法人は，契約関連のことは自由にやればよい，オーナー企業は少々の融通が利いていいんだ，として取り合わなかったそうです。

　不動産取引関連の法人間での不適切なやりとりや，「飛ばし」的な処理に加え，第三者委員会も不十分な働きしかできない上に，監査人の独立性確保や監査人が弁護士に相談する際の予算承認も頑として許諾しないなど，オーナー企

業として上場しているこの会社のガバナンスが退廃してしまっていることに，この監査人さんは頭を痛めているようでした。

　また，取締役会でも，議事録すらとられておらず，社内政治では右腕として登用した人材をトップが警戒しはじめて左遷するなど，ドロドロとしたお話しまで飛び出してきました。

　もはや解決するのは難しいだけに，いっそ，オフィスに撮影班を迎え入れてそのまま映像をとって上映すれば，ドキュメンタリー映画としてヒットするのではないかとさえ思えそうな人間模様を織りなしていたりしているようでした。

　「役者がそろう」などという言い回しがありますが，この方の企業では，もう1人の大御所の大根役者としてぴったりな政所がらみの方も，この「ドキュメンタリー映画」のシナリオに出てくるようなのです。

　当然，コンプライアンス経営を表向きは装うものの，「上は聖域，下に厳しく」がモットーであるかのように，経営陣の重大問題にはアンタッチャブルで，部下の些細な問題には目くじらを立てることでコンプライアンス対応をしたというアリバイづくりをしているようなのでした。

　遠くまでお伺いしていろんなお話しを拝聴しつつも，この取材に応じて頂けました監査人の方にもいろいろと工夫を凝らしていこうというお考えやご意向があるようなのと，その方の身の安全なども案じつつ，大まかな私見でのお話しのご紹介にとどめるべきかと思ってみた次第です。

　あくまでも一部の問題ある企業のお話しでしょうし，できれば，このお話しが嘘であってほしいとさえ思いたくなるような心理もありますが，読者の皆様のご所属先の組織が健全でありますように，また，その方がご無事でありますようにと祈りつつ，ここで筆をとどめておこうと思います。

おわりに

　本書の執筆期間を通じて，依然として東日本大震災および風水害等での被災地の実りある復旧復興が遅々として進んでいない様子に，筆者としてはとても心苦しい思いがしますし，被災者様のご心労をお察し申し上げます次第です。
　1日も早く，被災地各地に緑と笑顔と幸せが戻りますよう，心からお祈り申し上げます。

　本書をお手にとって頂き，ここまで読み進めて頂けました読者のみなさまに，そのご厚情とご関心を賜りましたことに心より厚く御礼申し上げます。
　「経営に資する監査」や企業統治をめぐる議論が迷走しながら，進んでいるようで実態として退廃に向かっているようでもあり，監査界の危機感と将来への危惧を抱きながら，木鐸としての役割を担えるとしたならばと，語弊やご批判などを恐れず，突っ込んで筆者が本書をしたためてみた次第でございます。
　監査界での権力やコネなどもない中での微力ながらの本書における言論の場を通じた筆者の呼びかけにおきまして，建設的で法的にも倫理的にも問題ない範囲で，誹謗中傷でない建設的なご批判や忌憚なきご意見を歓迎しつつ賜りながらも，より一層精進していければとの所存でございます。もしよろしければお気軽に筆者までご連絡頂ければ嬉しく存じます。
　監査は狭い範囲でうろうろするものでもなく，幅広い守備範囲を持つ中で，まだまだ研究・開拓の余地の広い分野だと筆者は感じています。
　その中で，本書では新たな監査の試みを世に問う場を与えて頂きました，税務経理協会の編集ご担当の大川様をはじめ，関係各位にも，この場を借りて衷心より深く厚く御礼申し上げます。
　筆者としましては，執筆活動を通じても，監査の地位向上や新たな監査界で

の議論の進展や発展に向けて，知的刺激をもった問いかけや幸せに向けた経営活動としての監査への発展において，踏み台であろうと議論の呼び水であろうと，身を挺して何らかのお役に立てればと思いつつ本書の筆をとってきました．
　少しずつでも，コツコツと，新たな監査の歩みを進めていけるよう，出版面ではご購読という尊いご支援を賜りました読者のみなさまをはじめ，各種各様のご支援・ご声援をありがたくも賜りながら，日々，精進して参りたいところでございます．
　読者のみなさまをはじめとする各位のご支援・ご声援のおかげさまで，いろいろな環境の変化に適応していくアダプタビリティを発揮する際にも，不易流行として，柔軟性や適応力の中にも，大事なことはぶらさず曲げず，信賞必罰や和して同ぜずの姿勢を大切にしてコツコツと取り組んでいけるようにしたいと筆者は思っております．
　また，「物言う監査役」「監査役の乱」という表現がまかり通る社会状況を筆者は憂うことがあります．監査人は当たり前のこととして，正しいことは正しいと言い，間違っていることは間違っていると言って是正措置をとらなければならないわけですが，まっとうにそうすると，メディアなどで半ばおもしろおかしく興味本位的にレイベリングされるのは由々しき現状だと筆者は思っています．
　逆に言えば，それだけ，まっとうなことをまっとうに行う監査人が少ないということなのかもしれませんし，筆者が主宰のコーポレート・ガバナンス・アワードや，筆者の経営指導・講演・研修・執筆などを通じて，今後も引き続き，ごく当たり前のことを当たり前にできるようにする監査人の方々を育成・普及啓発する上で，少しでも何かお役に立てればと思ったりします．
　末筆であることを口実に読者のみなさまにお許しを乞い書き添えさせて頂くならば，筆者と幸せになれるよう協力しあって共に生きていくことを契ってくれた最愛の妻と，本書執筆開始の年にはじめて授かった，誰よりも宇宙で一番愛する息子と，そして，筆者の誕生の日から筆者を誰よりも筆舌に尽くしがたいほど親身に温かく心強く支え続け応援し続けてくれている母，そして，夫婦

おわりに

生活のあり方や生きる上で多くの学びを与えてくれている叔父・叔母に，本書を筆者の真心と共に捧げたいと思います。

各企業や看護協会での看護師長指導や各種機関などでも，ダイバーシティや人権やワークライフバランスなどを指導させて頂いてきている身として，口先だけでなく実際に育児・家事・炊事なども妻と共に担わせて頂きながら，また，監査面でも仕事の打診を頂き黙っていれば今頃は日本監査役協会で登壇していただろうにも関わらず，同協会の不適切な対応を見て見ぬフリをせず公表・是正勧告を出してきたりと，指導者・執筆者として実践と共に物事を説くという姿勢を一貫してきたりする中で，最愛の妻をはじめとする筆者をプライベート面から支えてくれる家族の心の支えに改めて感謝しつつ，読者のみなさまに口先だけの人，批判だけの評論家とのそしりを受けぬよう，身をもって活動し続けていきたいと思う次第です。

いまだ木鶏たりえぬ至らぬ身でいろいろと思い悩み奮闘しながらも筆者なりの思いと行動をもって歩みを進めて参りたいところでございます。

読者諸氏に重ねて御礼申し上げますと共に，今後とも，何卒ご支援・ご声援のほどよろしくお願い申し上げます。

2014年1月好日

戸村　智憲

著者略歴

戸村　智憲（とむら　とものり）

日本マネジメント総合研究所合同会社（JMRI, LLC.）理事長

　大阪府立天王寺高等学校卒業。早稲田大学卒業。米国MBA修了。全米トップ0.5％のみに授与される全米優秀大学院生受賞。米国博士後期課程（Ph.D）中退。
　国連勤務にて，国連内部監査業務の専門官，国連戦略立案専門官リーダー，国連主導の世界的CSR運動「国連グローバル・コンパクト（UNGC）」広報・誘致業務などを担当。
　民間企業役員として，監査統括，人事総務統括や，IT企業（株）アシスト顧問（代表：ビル・トッテン），上場IT企業のJFEシステムズ（株）アドバイザー，岡山大学大学院非常勤講師，JA長野中央会顧問，経営行動科学学会理事・兼・東日本研究部会長などを歴任。
　日本監査役協会の全国大会（全体会）パネリスト登壇とその後の同協会による不適切対応の是正措置対応や，青山学院「会計サミット」などでのパネリストとしての登壇なども担当した。
　現在，日本マネジメント総合研究所合同会社理事長を務める傍ら，日本ＥＲＭ経営協会会長，日本クラウドユーザー協会会長なども務めている。ICGN（International Corporate Governance Network）会員，（社）日本取締役協会会員，日本コーポレート・ガバナンス・ネットワーク会員，米国内部監査協会NY支部会員，日本内部統制研究学会正会員，組織学会正会員，産業・組織心理学会会員，経営行動科学学会会員，米国心臓学会認定救命救急資格者（AHA BLS HCP），上級救命技能認定（消防庁），米国連邦航空局自家用飛行機パイロット，第一級小型船舶操縦士，第三種放射線取扱主任者（国家資格），防災士，海上／陸上／航空特殊無線技士，公認不正検査士（CFE），経営管理学修士号（MBA），ベルギー・ルクセンブルク商工会議所プロフェッショナル会員などとしても，産学ともに活動中。
　代表的な著書に『企業統治の退廃と甦生』（中央経済社），『監査心理学"感じる監査"』（税務経理協会）など23冊を超える。
- 日本の人気講師ランキング３位（日経産業新聞しらべ）
- NHK「クローズアップ現代」TV出演・番組監修担当
- テレビ朝日「そうだったのか！池上彰の学べるニュース」番組監修
- NHK（Eテレ）「めざせ！会社の星」専門家TV出演・番組制作協力

- Tokyo FM「クロノス」震災復興応援コメンテーター出演
- Tokyo MXテレビ「ゴールデンアワー」コメンテーター出演

その他，ＴＶ・ラジオ各局・雑誌連載・寄稿などでの出演も多数。
経営指導・講演／研修・執筆活動の３領域で精力的に活動中。

各種お問合せ・ご質問・ご依頼などは下記までご連絡ください。

〒107－0062　東京都港区南青山２－２－８　ＤＦビル５階
　　　日本マネジメント総合研究所合同会社
　　　　理事長　戸村　智憲　宛
　　　　電話：03－6894－7674　　ＦＡＸ：03－6800－3090
　　　　メール：info@jmri.co.jp　　ＨＰ：http://www.jmri.co.jp/

（2014年２月１日より，旧本社の東京都新宿区西新宿６－10－１　日土地西新宿ビル８階より拠点を上記住所地に移転致しました。）

著者との契約により検印省略

平成26年 3月10日　初版第 1 刷発行

クリエイティブ監査への道
～ "経営に資する監査" の
再考と再興～

著　者　戸　村　智　憲
発行者　大　坪　嘉　春
印刷所　税経印刷株式会社
製本所　株式会社　三森製本所

発行所　〒161-0033　東京都新宿区　　株式　税務経理協会
　　　　下落合2丁目5番13号　　　　　会社

振　替　00190-2-187408　　電話　(03)3953-3301（編集部）
Ｆ Ａ Ｘ　(03)3565-3391　　　　　　(03)3953-3325（営業部）
　　　URL　http://www.zeikei.co.jp/
乱丁・落丁の場合は，お取替えいたします。

Ⓒ　戸村智憲　2014　　　　　　　　　　　　　　Printed in Japan

本書を無断で複写複製(コピー)することは，著作権法上の例外を除き，禁じられています。
本書をコピーされる場合は，事前に日本複製権センター（ＪＲＲＣ）の許諾を受けてください。
JRRC 〈http://www.jrrc.or.jp　eメール：info@jrrc.or.jp　電話：03-3401-2382〉

ISBN978-4-419-06084-8　C3034

著者との契約により検印省略

平成26年3月10日 初版第1刷発行	クリエイティブ監査への道
	〜"経営に資する監査"の 再考と再興〜

著　者　戸　村　智　憲
発行者　大　坪　嘉　春
印刷所　税経印刷株式会社
製本所　株式会社　三森製本所

発行所　〒161-0033　東京都新宿区
　　　　下落合2丁目5番13号　　　　株式
会社　税務経理協会

振　替　00190-2-187408　　電話　(03)3953-3301（編集部）
ＦＡＸ　(03)3565-3391　　　　　　(03)3953-3325（営業部）
　　　URL　http://www.zeikei.co.jp/
　　　乱丁・落丁の場合は，お取替えいたします。

Ⓒ　戸村智憲　2014　　　　　　　　　　　　　　　Printed in Japan

本書を無断で複写複製(コピー)することは，著作権法上の例外を除き，禁じられています。
本書をコピーされる場合は，事前に日本複製権センター（ＪＲＲＣ）の許諾を受けてください。
JRRC〈http://www.jrrc.or.jp　eメール：info@jrrc.or.jp　電話：03-3401-2382〉

ISBN978-4-419-06084-8　C3034